Gütersloher Taschenbücher / Siebenstern 531

Wesentliche Impulse für den notwendigen Wandel der Gesellschaft und der Kirche gehen von Frauen aus. Es geht nicht mehr nur um »Frauenemanzipation«, sondern um Einstellungsänderungen innerhalb unserer Kultur, die durch einseitig »männliche« Verhaltensformen geprägt ist.

Die in GTB-Siebenstern erscheinende Reihe

Die Frau in Kirche und Gesellschaft

bietet ein Forum zur Artikulation der Gedanken, die den jetzigen Veränderungsprozeß begleiten oder fördern. Sie sollten nicht nur von Frauen, sondern auch von Männern wahrgenommen werden.

Elisabeth Moltmann-Wendel

Ein eigener Mensch werden

Frauen um Jesus

Gütersloher Verlagshaus
Gerd Mohn

Originalausgabe

Meinem Mann

CIP-Titelaufnahme der Deutschen Bibliothek

Moltmann-Wendel, Elisabeth:
Ein eigener Mensch werden: Frauen um Jesus / Elisabeth
Moltmann-Wendel. – 7. Aufl., (50.–57. Tsd.). –
Gütersloh: Gütersloher Verl.-Haus Mohn, 1991
  (Gütersloher Taschenbücher Siebenstern; 531: Die Frau
  in Kirche und Gesellschaft)
  ISBN 3-579-00531-6
NE: GT

ISBN 3-579-00531-6
7. Auflage (50.–57. Tsd.), 1991
© Gütersloher Verlagshaus Gerd Mohn, Gütersloh 1980

Das Werk einschließlich aller seiner Teile ist urheberrechtlich
geschützt. Jede Verwertung außerhalb der engen Grenzen
des Urheberrechtsgesetzes ist ohne Zustimmung des Verlages unzulässig
und strafbar. Das gilt insbesondere für Vervielfältigungen,
Übersetzungen, Mikroverfilmungen und die Einspeicherung
und Verarbeitung in elektronischen Systemen.

Umschlagentwurf: Dieter Rehder, B-Kelmis
Gesamtherstellung: Clausen & Bosse, Leck
Printed in Germany

Inhalt

Einleitung
Frauen entdecken sich in der Bibel 9 – Die Frauengeschichte im Neuen Testament 10 – Persönliche und gesellschaftliche Veränderungen 14 – Schwierigkeiten mit einer patriarchalischen Tradition 15 – Phantasie 17 – Zu diesem Buch 18

1. Martha 23

    Nützlich, aber minderwertig 27
    Die vergessene Martha 30
    Martha – eine führende Christin 33
    Blick in die Geschichte: Mittelalterliche Martha-Bilder 36
    Martha, die kluge Jungfrau 36 – *Martha, die Drachenbesiegerin* 46

2. Maria von Bethanien 57

    Im Schatten der Schwester 59
    Provokation 62

3. Maria Magdalena 67

    Eine »große Sünderin«? 70
    Die biblische Maria Magdalena 74
    Blick in die Geschichte: Biblische Elemente in der Magdalenentradition 81
        Die predigende Maria Magdalena 81 – Heilung und Berufung einer Geisteskranken 87 – Die Freundin Jesu 90

4. Die Unbekannte, die Jesus salbte 97

    Eine unbekannte Geschichte 98
    Priesterin, Hexe, weise Frau? 102
    Leiblichkeit bei Markus 105

5. Die Frauengruppe des Markus 111

   Eine subversive Frauengeschichte 113
   Frau, Religion, Rechte 117

6. Matthäus und die Mütter 123

   Die alte Ordnung gerät durcheinander 124
   Eine jüdische Mutter befreit sich 127
   Das Getto öffnet sich 131

7. Johanna, eine Dame des Lukas 135

   Johanna, ein eigener Mensch 137
   Johanna und Herodes 142
   Frauenemanzipation in der männlichen Kirche 144

Es ist Zeit, daß die Kirche die Frauen von Evas »Sünde« losspricht, wie sie auch die Juden von ihrem »Verbrechen« freigesprochen hat!

Elizabeth Gould-Davis

Zu den historischen Bedingtheiten der biblischen Schriften gehört auch, daß sie von Männern verfaßt worden sind. Wie z. B. sähe eine Geschichte Israels aus, geschildert, geschrieben aus der Perspektive der weder waffen-, noch gottesdienstfähigen Frauen und Mütter?

Kurt Marti

77 biblische Frauengestalten ziehen zu Christus

Der Hochzeitszug der Sulamith.
Ev. Dreifaltigkeitskirche in Bad Teinach, 1673

Einleitung

Frauen entdecken sich in der Bibel

In Solentiname in Nicaragua wurden unter der Leitung des Dichter-Priesters Ernesto Cardenal vor einigen Jahren ungewöhnliche Gottesdienste gehalten: die Bauern- und Fischerfamilien kamen zusammen, lasen einen Bibeltext und sprachen spontan darüber – alle mit einem geschärften Bewußtsein für die gesellschaftliche Veränderung, für die erlittene Ungerechtigkeit des sozialen Systems und für Christus, den Befreier der Unterdrückten.
Eines Sonntags wird die Ostergeschichte gelesen, wie die Frauen zum Grabe kommen, um den Leichnam Jesu zu salben. Die Bauernfrauen begeistern sich und fangen an, sich mit diesen Frauen zu identifizieren: »Es waren Frauen und keine Männer, die als erste zum Grabe gingen; die Frauen sind mutiger als die Männer.«
«Die Frauen haben mehr Herz. Und die Liebe kann einem große Kraft geben. Wenn man liebt, hat man keine Angst und nimmt es mit jedem auf. Jesus, der aus Liebe gestorben war, hat ihnen diesen Mut eingeflößt, den Mut der Liebe. Wenn man liebt, ist man mutig, man fürchtet nicht einmal den Tod.«
Was dann kommt, scheint mir typisch für die christlichen Gemeinden aller Zeiten zu sein: die Männer protestieren, daß Frauen sich eine Sonderrolle anmaßen: »Ich sehe nicht ein, warum die Frauen so mutig gewesen sein sollen ... was soll schon Großes daran gewesen sein, wenn sie da hingingen und ein bißchen weinten? ... «
Die spontane Reaktion der Frauen wird unterdrückt, und der Theologe Cardenal liefert dazu die historische Untermauerung: es sei in der Tat für Frauen nicht so gefährlich gewesen, am Grabe zu sein, wie für Männer. Die Frauen geben klein bei, man einigt

sich auf »Partnerschaft«. (»Natürlich spielen die Frauen eine sehr wichtige Rolle, genau wie die Männer. Aber das bedeutet nicht, daß sie mutiger gewesen wären oder Jesus mehr geliebt hätten.«)

Drei Dinge sind an dieser kleinen Episode wichtig: einmal, wie spontan Frauen sich in der Bibel wiederzuentdecken vermögen; zweitens, wie emotional und eifersüchtig Männer darauf achten, daß Frauen nicht zu viel Selbstbewußtsein entfalten; drittens, daß geschichtliche Begründungen dazu herhalten müssen, um die Rolle des Mannes zu stabilisieren.

Die Frauen haben in diesem unkonventionellen Gottesdienst mit eigenen Augen die Bibel gelesen und sich darin wiedergefunden. Sie haben die Sonderrolle, die Jesus der Frau gegeben hat, wiederentdeckt und etwas von der alten Frauentradition des Neuen Testaments begriffen. Wie können wir diese Spontaneität wieder bekommen?

Die Frauengeschichte im Neuen Testament

Zunächst die Frauentradition des Neuen Testaments. Manchen Frauen, die jahrelang mit der Bibel umgegangen sind, ist sie vertraut. Vielen Frauen jedoch ist die Bibel eher als Ordnungsmacht denn als Befreiungsbuch begegnet; denn nach ihr schweigt »das Weib« in der Gemeinde, wird »selig durch Kinderkriegen«, hat den Mann »verführt« und »zuerst gesündigt«. Wie soll man nach diesen bekannten Aussagen noch frei und selbstbewußt sein und die Bibel auf seiten der Frau sehen? Der Bibel und der Kirche entfremdete Frauen folgen deshalb August Bebel und Simone de Beauvoir, die die Bibel als Hauptinstrument der Unterdrückung der Frau angesehen haben.

Aber die letzten Jahre haben – vor allem in den USA – eine so aufsehenerregende Frauenforschung hervorgebracht, daß die Einmaligkeit der Beziehung Jesu zu Frauen und die Einzigartigkeit einer daraus folgenden sozialen Gleichstellung von Mann und Frau in vielen frühen Gemeinden als gesichert angesehen werden kann. Zwar war diese Episode nur kurz. Vermutlich war sie auch nicht überall anzutreffen. Aber viele Untersuchungen, neu gelesene Quellen und vor allem der geschärfte Blick von Frauen für ihre Geschichte entrollt uns jetzt das Bild einer Gemeinschaft von Frauen und Männern. Apostel wie Junia, Frauen in Bischofsfunktion wie Phöbe, führende Christinnen wie Maria Magdalena verändern unsern Blick von der geschlechtsspezifisch festgelegten und eingesetzten Christin. Was hier geschah, war nicht nur eine frauenfreundliche Geste, nicht nur eine nach innen gekehrte Anerkennung, sondern berührte Geschlechterrollen und veränderte soziale Funktionen.

Die psychoanalytische Forschung hat in Jesus den einzigen »nicht animosen« Mann, den integrierten Menschen (Hanna Wolff) entdeckt, d. h. einen Menschen, der die in jedem Menschen angelegten männlichen und weiblichen Verhaltensweisen integriert und zur Reife gebracht hat. Von daher war er imstande, mit Frauen in absoluter Partnerschaftlichkeit umzugehen. Dies bedeutet keinen Abstrich an seiner Gottessohnschaft. Dies ermöglicht uns nur, die psychosozialen Seiten der Jesus-Geschichte besser zu verstehen und sie in unsere Existenz einzubeziehen. Gegenüber allen andern Religionsstiftern, die zwar frauenfreundlich waren, ist hier etwas Neues geschehen: eine befreiende Annahme, die soziale Konsequenzen hatte. Die »Androzentrik« der antiken Welt (Hanna Wolff), d. h. die männliche Orientierung, die Ausrichtung an männlichen Leitbildern und Maßstäben ist damit durchbrochen worden. Mit seinem Kommen sind neue Werte freigesetzt. Seit seiner Geschichte sind wir befreit von alten Maßstäben und zu neuen Verhaltensweisen geöffnet. Dies betrifft viele Bereiche menschlichen Lebens. Die Frauenfrage ist aber ein entscheidender Bereich, wo das Neue sich ereignen konnte und immer wieder ereignen wird.

Nun kennen wir die Geschichte als Hi-story im Sinne von "His-story", als Geschichte von Männern, und die christliche Geschichte ist davon keineswegs ausgeschlossen, obwohl sie einmal als Geschichte von Mann und Frau begann. Männer machten Geschichte. Paulus und Petrus prägten die Kirchen, und was sie über

Gott und die Befreiung durch Jesus dachten, ist uns in der Bibel überliefert. Frauen zogen in dieser Männergeschichte den Kürzeren. Sie erscheinen meist in sozial schwächeren Rollen, dienen als Witwen, erscheinen als Schwestern und Ehefrauen. Man spricht über sie, ihre Aufsässigkeit in puncto Schleiertragen, daß sie sich besser einordnen statt gleichordnen sollen, daß sie nicht eitel und anmaßend sein sollen.

Aber wo sprechen Frauen? Wie sähe eine Geschichte und eine Kirchengeschichte von ihnen geschrieben aus? Wo ist die Her-story der Bibel? Eine Geschichte von Frauen geschrieben und aus dem Blickwinkel von Frauen betrachtet?

Es sind in den letzten Jahren immer wieder Versuche gemacht, Geschichte und Geschichten aus der Froschperspektive zu sehen, aus der Perspektive der sonst Stummen, Unterdrückten, der Analphabeten. Die Kolonialgeschichte von einem Sklaven erzählt (z. B. »Roots« – Wurzeln – die amerikanische Fernsehserie 1978) sieht erheblich anders aus als die Geschichte der »Herrschaft« in dem Roman »Vom Winde verweht«. Die Geschichte des Arbeiters (August Kühn, Zeit zum Aufstehen, 1977) läßt uns die Industrialisierung und ihre Folgen anders erleben als Geschichte aus Bürgersicht. Die Geschichte der Frauen, in verschiedenen Epochen dargestellt, z. B. die Geschichte der Pionierfrau, ihre Hoffnungen, Leiden, Schicksale, wirft ein neues Licht auf die Männergeschichte der Western- und Cowboygeschichten. Diese vielfältige »Unterseite«, Rückseite der Geschichte, wie man es genannt hat, fasziniert heute: Minderheiten kommen zu Wort, vergessene Quellen werden geöffnet, Erzählungen bekommen neuen Wert, Symbole, Bilder und andere »sprachlose« Überlieferungen erhalten wieder Ausdruckskraft. Die Unterseite der Geschichte verfügt nicht über die Machtmittel von Schrift und Papier.

Die Herstory des Neuen Testaments hat nach allem, was wir über die Einmaligkeit der Jesus-Geschichte wissen, eine besondere Bedeutung. Aber sie unterliegt den gleichen Gesetzen der ungeschriebenen Geschichten der Minderheiten. Wir tasten uns heute zu dem vor, was von Frauen erhalten ist, versuchen, was über Frauen geschrieben ist, neu zu verstehen und vermuten, daß

Frauen aktiver und auch aktiv schreibender waren, als man es bisher angenommen hat. Vielleicht gibt es Teile von Evangelien oder sogar Teile des Neuen Testaments, die von Frauen geschrieben waren? Die wesentlichen Traditionen, d. h. die Überlieferungen von Tod, Begräbnis und Auferstehung Jesu gehen zumindest auf Frauen zurück, denn sie waren ja die einzigen Vertrauten Jesu, die dabei anwesend waren. Der große Forscher Harnack hat vermutet, daß eine Frau Priscilla den Hebräerbrief geschrieben hat. Spätere, nicht mehr in die Bibel aufgenommene Bücher handeln zumindest von Frauen (Thekla, Maria Magdalena) und enthalten uns sonst unbekannte Stimmen und Worte von ihnen.

Vieles über oder von Frauen ist nach allgemeiner Ansicht heute in den gnostischen Auseinandersetzungen der Kirche verlorengegangen oder vernichtet worden. In den gnostischen Kreisen genossen Frauen oft mehr Ansehen als in der sich herausbildenden Großkirche. Die Großkirche – angepaßt an die patriarchalischen Sozialstrukturen der Gesellschaft – bot der Frau nicht die gleichen Chancen wie die gnostischen Kreise. So blieb in den ideologischen Auseinandersetzungen auch die Frau auf der Strecke. Die Frauentradition der Jesusbewegung ragt demnach nur noch »wie die Spitze eines Eisbergs« in unsere Bibel hinein. Aber die Spitze ist deutlich erkennbar, deutlicher als in entsprechend andern Dokumenten der Weltliteratur. Einigen Zeugnissen nach waren die Frauen und nicht die Jünger die eigentlichen Nachfolger Jesu. Die Frauen spielten auf jeden Fall eine einzigartige Rolle in seinen letzten Tagen, und sie wurden – nach den meisten Zeugnissen (Paulus macht eine Ausnahme s. 1. Kor. 15,5) – wohl auch die ersten Zeugen seiner Auferstehung. Die Bibel enthält eine in der Welt einzigartige Geschichte von Größe, Souveränität, Weisheit und Mut von Frauen. Sie ist vielleicht das interessanteste Buch einer Frauenemanzipation.

Die Frauen von Solentiname haben dies gewußt.

Persönliche und gesellschaftliche Veränderungen

Wie aber bekommen wir den Zugang zur Bibel? Wie bekommen wir unsere verlorengegangene Spontaneität zurück?
Keine aufgezeichnete Tradition wirkt, wenn sie nicht in einer bestimmten Situation erfaßt wird. D. h. ohne die als revolutionär von den Frauen erfaßte Situation in Nicaragua wäre es ihnen auch nicht möglich gewesen, ihre verfolgte Lage, ihre Guerillakämpfe, das Leiden und die Verfolgung ihrer Familien und ihr persönliches Durchhaltevermögen dort wiederzufinden. Sie lasen die Bibel in einer gesellschaftlich und für sie persönlich sich verändernden Situation. Auf unsere Situation übertragen hieße dies: ohne die Erfahrung, daß Frauen in Gesellschaft und Kirche zurückgesetzt, diskriminiert sind, springt auch kein Funke der Herstory über. Zurücksetzung, Diskriminierung heißt, daß sie nicht das einbringen können, was sie einzubringen haben, daß sie auf bestimmte »weibliche« Verhaltensweisen immer wieder festgelegt werden, obwohl längst erwiesen ist, daß Frauen ebenso »männlich« sein können, wie Männer auch »weiblich« sein dürfen. Unsere bürgerlich-patriarchalische Gesellschaft und Kirche ist heute von allen Seiten in Frage gestellt. Eine nach-industrielle Gesellschaft bahnt sich an. In solchen Übergängen ist aus persönlicher Betroffenheit die Bibel stets neu gelesen, begriffen und befreiend erfahren worden. Luther las in ihr die Rechtfertigung des Gottlosen, und die klerikale Sozialordnung und die Gewissensbindung des einzelnen wandelte sich für ihn. Josefine Butler, die englische Vorkämpferin für das Frauenstimmrecht, die erfolgreich die staatlich geförderte Prostitution bekämpfte, las sie als das große Befreiungsbuch, das die gleiche Gerechtigkeit für Mann und Frau verkündigte. Das Wort »Erlösung« war ihr viel zu schwach dafür, was Jesus den Frauen gebracht hatte.
Heute hat man an vielen Punkten der Welt begonnen, die Bibel als Buch der Minderheiten zu lesen. Als Buch der »Zärtlichkeit« (Heinrich Böll) d. i. einer sensibilisierten Beziehung der Menschen untereinander, entdeckt man sie im abendländischen Kulturkreis neu. In der Theologie versucht man mit materialistischer,

psychoanalytischer oder feministischer Exegese den Texten wieder nahezukommen. Keine ist absolut zu setzen, aber jede bereichert den Zugang. Die Bibel ist nicht mehr das Buch, das Herrschaft stabilisiert und Ordnungen bestätigt. Es ist in die Hände von Machtlosen geraten, und es ist die Frage, was es ihnen zu sagen hat und welche »Macht« es ihnen vermittelt: eine neue alte »Herrschaft« oder die Macht derer, die beim Kreuz geblieben sind.

Schwierigkeiten mit einer patriarchalischen Tradition

Diese »revolutionäre« Frauentradition ist allerdings gar nicht so leicht sichtbar, und mit Maria de Groot (Frauen auf neuen Wegen. Hg. G. Scharffenorth, Gelnhausen 1978, S. 221) möchte ich sagen, daß es auch progressiven Frauengruppen oft nicht einleuchtet, was sich hinter der traditionell erlebten Bibel verbirgt. Vor Euphorie ist zu warnen. Wir haben es nicht nur mit den männlichen Emotionen zu tun. Wir haben in unserer Tradition und gerade auch bei Frauen verschiedene Schuttschichten abzutragen, bis wir an die Schatzkammer kommen.
Einige dieser Schwierigkeiten möchte ich bewußt machen:
1. Die Bibel ist in einer vorwiegend patriarchalischen Kultur geschrieben worden, wenigstens in ihrer Endredaktion. Sie enthält viele sexistische, d. h. die Frau unterdrückende Aussagen: z. B. im Alten Testament, daß die Frau die bewegliche Habe des Mannes sei. In den späten Schriften auch des Neuen Testaments wird ihr sogar die »Sünde Evas« wieder angelastet. In einer patriarchalischen Gesellschaft wurde dieser patriarchalische Überbau bevorzugt und zur politischen Unterdrückung der Frau verwandt.
2. Eine lange, meist frauenfeindliche Rezeption der Bibel hat eine Traditionsgeschichte geprägt, die tief in das menschliche Bewußtsein eingegangen ist. Frauen wurden auf Sexualität und Sünde (Maria Magdalena), auf Küche und Haushalt (Martha), auf Mütterlichkeit (Maria) festgelegt. Die biblischen Frauen wurden ihrer Schönheit, Selbständigkeit und Originalität entkleidet und

zum erwünschten christlichen Frauenbild umfunktioniert. Wo dies nicht gelang – wie z. B. bei den politisch-handelnden, geschichtemachenden Frauen des Alten Testaments: Debora, Judith, Mirjam – wanderten sie in die Literatur ab und gingen der kirchlichen Tradition verloren.

3. Auch heutige Exegese und Predigt geht immer noch oft von einem Vorverständnis aus, wie Frauen sein sollten: empfangend wie Maria, tätig wie Martha, zurückhaltend wie Maria von Bethanien.

4. Die in der Frauenarbeit seit den 20er Jahren vertraute und bis heute noch praktizierte Bibelarbeit ging von naturständischem Denken aus. So schrieb Vikarin Jonas 1935: »Unsere Frauen ... müssen die biblischen Ordnungen kennenlernen: Was sagt die Schrift von der Schöpfung der Welt, vom Sündenfall, von Mann und Weib und ihrer Stellung zueinander ... « » ... der Stand der Frau muß in Erscheinung treten ... « (Fritz Mybes, Geschichte der Ev.Frauenhilfe in Quellen. Gladbach 1975) Dies bedeutete zugleich eine neue rationale Aneignung der Bibel, ihrer Worte und Begriffe.

Eine Frau berichtete 1935: »Wir mußten jetzt lernen, die Geschichten Wort für Wort zu lesen, alles zu fragen, was wir nicht verstehen konnten ... wie oft hatten wir bisher unsere Gedanken phantasieren lassen.« Das Motto ist »unter der Bibel stehen, nicht über der Bibel«. Die Frage nach dem »Skopus« des Textes, nach der christologischen Bedeutung vereinseitigte, logisierte, rationalisierte den Zugang zur Bibel. Es gab *einen* Zugang, den theo-logischen, den christo-logischen. Phantasievolle, von Gefühl und Erfahrung geprägte, einfach menschliche Zugänge mußten Frauen sich in dieser ersten Phase ihrer Aktivierung in der Kirche abgewöhnen.

Eine lange Tradition, die die Bibel als Trostbuch, als Buch, das Herrschaft stabilisiert und Ordnungen bestätigt und auslegt, wirkt nach. So ist die Bibel jahrhundertelang dafür benutzt, die Frauenfrage unter Kontrolle zu halten. Wie man bis in unsere jüngste Vergangenheit auch Röm. 13 zur Bestätigung jeder auch noch so schändlichen Regierung benutzt hat, so diente sie dazu, die Frau im Haus zu halten. Wer Gott als Ordnungsmacht erlebt, vermag auch immer die Bibel dazu zu mißbrauchen.

Phantasie

Die Bibel als Befreiungsbuch zu lesen, wird Zustimmung finden, aber es wird Frauen allein kaum gelingen. Die oben aufgezeigten Schwierigkeiten in einer patriarchalischen Situation, die von gesellschaftlichen Interessen an einer Unterordnung der Frau über unbewußte Vorverständnisse bis zu eingelerntem rationalen Umgang mit der Bibel reicht, werden wir nicht in Kürze beseitigen.
Um den verlorenen Zugang, die aberzogene Spontaneität wieder zu gewinnen, müssen wir aus einem ganzheitlichen Lebensgefühl wieder denken, fühlen, leben und handeln lernen. Dafür sollten wir eine vergessene Kunst: unsere Phantasie, wieder für die Theologie entdecken. Theo-phantasie ist in einer frauenfremden Theologie und Kirche notwendig, um das Evangelium von der Befreiung wieder lebendig zu machen. Mit solcher Phantasie kann abstrakt und frauenfremd gewordene Theologie wieder zu dem werden, was sie mal war, und den ganzen Menschen berühren. Solche Phantasie ist die Kraft des Heiligen Geistes, die Erstarrtes wieder lebendig macht. Diese Kraft hat man allerdings Frauen in der Kirche nie recht zugetraut. Um so mehr sollten wir heute unsere Spiritualität, unser Geistvertrauen und Selbstvertrauen entfalten.
Möglichkeiten solcher Theo-phantasie sind:
1. Kunst und Kultur benutzen, um verschüttete frauenfreundliche oder matriarchalische Traditionen wieder aufzudecken: Maria, die auf dem Löwen reitet, Maria Magdalena, die schöne Freundin Jesu, Martha, die Drachenbesiegerin (s. u.).
2. Die in die Literatur abgewanderten alttestamentlichen Frauen wieder in die kirchliche und gesellschaftliche Wirklichkeit zu integrieren versuchen.
3. Die biblischen Erzählungen von Frauen einmal nach ihren menschlichen Eigenheiten, ihrer Biografie, ihrer Persönlichkeit wiedererstehen lassen, ohne nach christologischen und jesuani-

schen Aspekten zu fragen. Letty Russell: »Watch it like a movie!« (Sieh es wie einen Film an!)
4. Die eigene christliche Sozialisation an ihnen aufarbeiten, fragen, wie sie mir früher begegnet sind und wie sie mir heute begegnen.
5. Mut zur Subjektivität bekommen und frauenfeindliche und frauenunfreundliche Stellen der Bibel offen ablehnen. Männliche Schriftsteller wie Paulus, Lukas, Johannes, so schildern und nach dem beurteilen, wie sie die Befreiung der Frau erlebten und wie sie sie in ihren Gemeinden umsetzten.
6. Die Freiheit haben, patriarchalische Metaphern in weibliche zu verwandeln: Sohn durch Tochter, Vater durch Mutter ersetzen; neue Metaphern entdecken.
7. Die Bibel ganzheitlich, d. h. aus einem weiblichen Lebensgefühl heraus interpretieren, d. h. nicht aus dem Gefühl von Zerrissenheit, Sünde und Schuld, sondern aus dem Gefühl des Angenommen- und Geheiltseins. Diese mystische Interpretation ist von Maria de Groot versucht: Gott und Ich auf der einen Seite – Tod und Sünde auf der anderen Seite.
8. Mit neuen Erzählformen, Hörerlebnissen, dramatischen Umformungen Geschichte neu erzählen, verselbständigen und die eigene Geschichte begleiten. Wo Gott als befreiend erfahren wird, öffnet sich die Bibel mit unzähligen neuen Möglichkeiten.

Zu diesem Buch

Dies Buch versucht an einem kleinen Ausschnitt des Neuen Testaments die Last der patriarchalischen Vergangenheit abzuwerfen. Anregungen dazu bekam ich in Frauengruppen, die – aufgeweckt durch die heutige Frauenbewegung – etwas Neues über Frauen im Neuen Testament hören wollten. Theologinnen hatten sich in letzter Zeit schon häufig Gedanken über die »andere Maria« (z. B. C. Halkes, Una Sancta 1977 (4) 32. Jg.) gemacht, die nicht in das Schema braver Mariologie paßten. Aber das Herz meiner protestantischen Mitschwestern traf dies nicht. Sie waren ge-

wöhnt, sich mit andern Frauengestalten um Jesus zu identifizieren: Martha, Maria von Bethanien, Maria Magdalena. Durch sie war scheinbar eine lange protestantische Erziehung erfolgt: zur Tüchtigkeit, Bescheidenheit, Demut, zum Hören. Und dies beunruhigte.
So beginnt dies Buch mit Martha, die ich zunächst biblisch, dann kunst- und kirchengeschichtlich neu sehen lernte. Die Bilder dazu sollen jeweils die »andere« Frau zeigen, die uns patriarchalische Geschichtsschau und kirchliche Engführung versperrte, und auf die andern Möglichkeiten christlicher Traditionen zurücklenken. Der Blick zurück ist aber zugleich ein Blick nach vorn: Frauen in der Kirche sind in der heutigen gesellschaftlichen Situation nicht allein gelassen. Sie haben eine breite Tradition, auf die sie zurückgreifen können. Und auch die – meist männlichen – Kommentare sind zwar zeitbedingt, aber auch nicht ganz hoffnungslos: überall blitzt schon mal eine Erkenntnis durch, die mit der traditionellen Frauenrolle in Widerstreit lag.
Die Bibeltexte gehen zum großen Teil auf die Bibelübersetzung: »Die gute Nachricht« zurück. Wo sie versagte, habe ich eigene Übersetzungen versucht.
Zuletzt möchte ich allen danken, die mir mit Ratschlägen bei der Fertigstellung des Manuskripts, bei der Suche nach Texten und Bildern halfen, vor allem meiner Familie, deren Findergabe dies Buch bereichert hat.

Tübingen, September 1979   *Elisabeth Moltmann-Wendel*

Allgemeine Literaturhinweise

Barreau, Jean Claude, Die Memoiren von Jesus, Frankfurt 1978.
Ben Chorin, Shalom, Bruder Jesus, München 1977.
Jelsma, Auke, Heilige und Hexen, Konstanz 1977.
Ketter, Peter, Christus und die Frauen, Stuttgart 1948.
Leipoldt, Johannes, Die Frau in der antiken Welt und im Urchristentum, Leipzig 1955.
Moltmann, Elisabeth, (Hg.) Frauenbefreiung – Biblische und theologische Argumente, München 1978.
– Die Frau im Neuen Testament. In: Freiheit, Gleichheit, Schwesterlichkeit, München 1976.
Russell, Letty, Als Mann und Frau ruft er uns, München 1979.
Schelkle, Karl Hermann, Der Geist und die Braut, Düsseldorf 1977.
Schiller, Gertrud, Ikonographie der christlichen Kunst, 4 Bde., Gütersloh 1971 f.
Staag, Evelyn and Frank, Woman in the World of Jesus, Philadelphia 1978.

Martha – wie wir sie kennen ...

Martha dient bei Tisch.
Tiefenbronner Magdalenenaltar des Lucas Moser.

1. Martha

Die Bibel

Als Jesus und seine Jünger weiterzogen, kamen sie in ein Dorf, in dem er von einer Frau mit Namen Martha gastlich aufgenommen wurde. Sie hatte eine Schwester mit Namen Maria, die setzte sich Jesus zu Füßen und hörte ihm zu. Martha dagegen machte sich viel zu schaffen mit der Bedienung. Sie trat zu Jesus und sagte: »Herr, merkst du nicht, daß meine Schwester mich alleine dienen läßt? Sag ihr doch, daß sie mir helfen soll!« Aber Jesus antwortete: »Martha, Martha, du machst dir Sorge und Mühe um viele Dinge. Eins aber ist not. Maria hat das gute Teil erwählt, und das soll ihr nicht weggenommen werden« (Lk. 10,38–42).

Es war aber einer krank, Lazarus von Bethanien aus dem Dorf der Maria und ihrer Schwester Martha ... Die Schwestern ließen Jesus sagen: »Dein Freund ist krank.« Als Jesus das hörte, sagte er: »Die Krankheit wird nicht zum Tode führen, sondern zur Ehre Gottes. Durch sie wird Gott die Herrlichkeit seines Sohnes sichtbar machen.«
Jesus liebte Martha und ihre Schwester und Lazarus. Aber als er die Nachricht erhielt, daß Lazarus krank sei, blieb er noch zwei Tage an demselben Ort. Dann sagte er zu seinen Jüngern: »Wir gehen nach Judäa zurück« ... Er fügte hinzu: »Unser Freund Lazarus ist eingeschlafen. Aber ich werde hingehen und ihn aufwecken.« ... Als Jesus nach Bethanien kam, lag Lazarus schon vier Tage im Grab. Das Dorf war keine drei Kilometer von Jerusalem entfernt, und viele Juden hatten Martha und Maria aufgesucht, um die beiden zu trösten. Als Martha hörte, daß Jesus sich dem

... und wie wir sie nicht kennen

Martha als Drachenbesiegerin.
Nürnberg, St. Lorenzkirche, Marthaaltar, 1517.

Dorf näherte, ging sie ihm entgegen. Maria blieb im Haus. Martha sagte zu Jesus: »Herr, wenn du bei uns gewesen wärest, hätte mein Bruder nicht sterben müssen. Aber ich weiß, daß Gott dir auch jetzt keine Bitte abschlägt.«
»Dein Bruder wird auferstehen«, sagte Jesus zu ihr. »Ich weiß«, erwiderte sie, »am letzten Tag, wenn alle auferstehen, wird auch er ins Leben zurückkehren.« Jesus sagte zu ihr: »Ich bin die Auferstehung und das Leben. Wer an mich glaubt, wird leben, auch wenn er stirbt. Und wer lebt und an mich glaubt, wird nie sterben. Glaubst du das?« Sie sagte zu ihm: »Ja Herr, ich glaube, daß du Christus bist, der Sohn Gottes, der in die Welt gekommen ist.« Als sie dies gesagt hatte, ging sie weg, nahm ihre Schwester Maria beiseite und sagte: »Der Lehrer ist da und ruft dich.« Als Maria das hörte, stand sie schnell auf und lief zu ihm hinaus ... Als Maria zu Jesus kam und ihn sah, warf sie sich ihm zu Füßen und sagte: »Herr, wenn du bei uns gewesen wärest, hätte mein Bruder nicht sterben müssen.« Jesus sah sie weinen ... er wurde zornig und war sehr erregt. »Wo liegt er?« fragte er. Er ging zum Grab. Es bestand aus einer Höhle, und der Eingang war mit einem Stein verschlossen. »Nehmt den Stein weg«, befahl er. Martha, die Schwester des Toten, wandte ein: »Herr, er stinkt schon. Er liegt schon vier Tage im Grab.« Jesus sagte: »Ich habe dir doch gesagt, daß du die Herrlichkeit Gottes sehen wirst, wenn du nur glaubst.« Sie nahmen den Stein weg. Jesus blickte zum Himmel auf und sagte: »Ich danke dir, Vater, daß du meine Bitte erfüllst. Aber wegen der Leute hier spreche ich es aus – damit sie glauben, daß du mich gesandt hast.« Nach diesen Worten rief er laut: »Lazarus, komm heraus.« Und der Verstorbene kam heraus (Joh. 11,1-44 – gekürzt).

Kommentare

Die eifrigsten Christen, die Priester, finden, ... daß wir mit Martha dienen sollten, statt dem Herrn das Gefäß unseres Lebens dahinzuopfern mit allem darin verschlossenen Duft.
(Therese von Lisieux)

Martha, dein Werk muß bestraft und für nichts geachtet werden ... ich will kein Werk haben denn das Werk Marias, das ist der Glaube, daß du glaubst an das Wort.
(Martin Luther)

Martha erfährt zuerst, daß Jesus kommt, eilt ihm entgegen, redet viel, legt dabei ein volles Bekenntnis ab, macht darauf aufmerksam, daß der Tote schon verwest ist, so daß sie von Jesus getadelt werden muß.
(Johannes Leipoldt)

Die engste Parallele zu diesem (Petrus)bekenntnis ... kommt von den Lippen einer Frau, von Martha ... Während also andere christliche Gemeinden Petrus für denjenigen hielten, der das höchste Bekenntnis von Jesus als dem Sohn Gottes ablegte, und dem der Auferstandene zuerst erschien, so verbindet die johanneische Gemeinde solche Erinnerungen mit Gestalten wie Martha.
(Raymond Brown)

Die Antwort der Martha zeigt die echte Haltung des Glaubens, indem sie jede Aussage über das Leben vermeidet, ganz vom Ich absieht und nur vom Du redet, also von dem, der ihr als der Offenbarer Gottes begegnet ist und den sie als solchen glaubend erkennt. Das verheißende Leben kann sie nicht sehen, aber sie kann anerkennen, daß in Jesus der eschatologische Einbruch Gottes in die Welt geschieht.
(Rudolf Bultmann)

Die rechte Pfarrersfrau ist die,
Martha und zugleich Marie.
(Aus einer Pastoraltheologie in Versen)

Nützlich, aber minder-wertig

Wenn ich an »Martha« denke, taucht ein Bild aus einer Kinderbibel vor mir auf: Maria sitzt zu Jesu Füßen und hört ihm zu, und im Hintergrund an der Küchentür lehnt Martha mit bösem, mißgünstigem Blick.
Wer Martha hieß, tat mir als Kind immer leid. Der Name verpflichtete, besonders rührig, aktiv, irdisch, fleißig, fröhlich und tüchtig zu sein. »Ich hätte lieber Ruth geheißen«, erinnert sich meine Freundin Martha.
»Maria« hatte etwas Edles an sich, »Martha« etwas Banales. Maria trug eine Art Heiligenschein um sich. Martha atmete Küchendunst und Geschäftigkeit aus.
Noch heute hört man ältere Menschen manchmal sagen: Die hat eine Martha-seele, und das heißt: die ist besonders praktisch, tüchtig, nüchtern. Oder: die hat eine Marienseele, und das heißt dann: die ist still, zurückhaltend, kann gut zuhören und ist immer offen für andere.
Wenn wir ehrlich sind: Martha ist uns als nützlich und notwendig vorgestellt. Aber vorbildlich, tröstlich und ideal sollte eigentlich immer Maria sein.
Erinnern wir uns an die Geschichte, aus der diese unterschiedlichen Gefühle für die beiden Schwestern stammen:
Jesus kommt nach Bethanien und besucht Maria und Martha. Martha – die Hausherrin – eilt in die Küche, um dem Gast etwas zu essen zu bereiten. Maria setzt sich zu Jesu Füßen, um ihm zuzuhören. Als Martha merkt, daß Maria ihr nicht hilft, beklagt sie sich bei Jesus darüber, und Jesus stellt sich schützend vor Maria: Eins ist not, Maria hat das gute Teil erwählt ...
Damit schien Marthas Tätigkeit abgewertet und Marias Haltung als vorbildlich hingestellt.
Aus dieser Geschichte stammen unsere zwei unterschiedlichen Gefühle für die beiden Schwestern aus Bethanien, und diese unterschiedlichen Gefühle sind auch in der christlichen Tradition immer wieder zu finden. Maria, weil sie zu Jesu Füßen saß und ihm zuhörte, wurde zum Typ des kontemplativen, d. h. des

nachdenkenden Christentums. Das hatte höheren Wert als alle christlichen Aktivitäten. Noch immer singen wir im Gottesdienst: »Eins ist not, ach, Herr, dies eine lehre mich erkennen doch.«
Da heißt es von Maria:

»Wie dies eine zu genießen, sich Maria dort befliß,
da sie sich zu Jesu Füßen voller Andacht niederließ, –
ihr Herze entbrannte, dies einzig zu hören,
was Jesus, ihr Heiland, sie wollte belehren.
Ihr Alles war gänzlich in Jesum versenket
und wurde ihr alles in einem geschenket.«

Maria vereint »Einfalt und Demut«, wie es im Lied weiter heißt, und gelangt damit zur höchsten Weisheit. Sie läßt alles, was irdisch ist, dahinten und »schwingt sich über die Natur«. Sie liebt Jesus und gibt sich ihm ganz hin. Auch wo nicht solche mystische Jesusliebe, sondern reformatorisches Christentum gelehrt wurde, stand Maria hoch im Kurs. Von Luther bis zu heutigen Auslegern ist Maria das Bild eines Menschen, der durch das Hören des Wortes gerecht und gut vor Gott wird.
Anders Martha. Von Martha singt kein Kirchenlied. Weil sie in die Küche ging, um dem Gast Jesus etwas zu essen zu bereiten, wurde sie auf *Küche* und *Haushalt* festgelegt. Man machte sie zur Patronin der Hausfrauen und Köche und gab ihr einen Heiligentag (29. Juli). Bis heute gibt es Marthavereine, wo Pfarrhaus- und Gasthofangestellte organisiert sind. Eine antiemanzipatorische Frauenbewegung nennt sich in England Marthabewegung. Man malte Martha als Beschließerin mit dem Schlüsselbund und als Köchin in einer großen holländischen Renaissanceküche. Im mittelalterlichen katholischen Ständestaat, wo jeder Stand eine gottgewollte und ihm wohlgefällige Ordnung darstellte, hatte sie damit noch eine nützliche Funktion.
Zu *höheren geistlichen* Rängen hat es aber kaum gereicht. Weil sie praktisch war, wurde ihr auch noch die Krankenpflege zuge-

ordnet, und auf diese Weise wurde sie Ordenheilige für Krankenpflegerinnen. Kirchen nannte man selten nach ihr. Oberhalb Luganos steht eine halbzerfallene Marthakirche, die ein Laienbruderorden baute, der sich der Pflege Pestkranker widmen wollte. Im Innern ist Martha als weißgekleidete Krankenschwester gemalt, wie sie Laienbrüder weiht. Aber es ist eine unbekannte Kirche und ein kaum bekannter Laienbruderorden am Rande großer geistlicher Gemeinschaften! In Nürnberg gibt es eine kleine mittelalterliche Marthakirche, die zu einem Pilgerspital gehörte.

Auch hier galt Martha als praxisorientierte Kirchenpatronin. In der Kunst ist Martha meist als mütterliche und hausfrauliche Heilige dargestellt: sie dient bei Tisch, sie betet und strahlt mütterliche Ruhe aus. Martha erfüllt als Heilige alle Wünsche, die man an eine Frau und Mutter hat. Verkörpert Maria das nachdenkende kontemplative Christentum, so verkörpert Martha das tätige aktive Christentum.

Schlimm wurde es erst, wenn sich protestantische Theologen Marthas bemächtigten. Für die Reformatoren und sogar für viele heutige Ausleger steht sie da als Sinnbild der Werkgerechtigkeit. Sie möchte für Jesus etwas tun – und das ist verkehrt. Denn Gott macht ja aus Gnaden gerecht und beurteilt nicht unsere guten Werke. So füllte sich das Martha-Bild mit Komplexen: nützlich fürs Praktische, aber *weniger* wert als die nachdenkende Maria und also »minder«-wertig. Und viele Frauen in der Kirche, die sich bis heute in Martha wiederfinden, fühlen sich in dieser Weise »minderwertig«, weniger wert und entwickeln Minderwertigkeitsgefühle.

Als man im vorigen Jahrhundert den Wert eines tätigen Christentums und die Diakonie wiederentdeckte, entdeckte man aber auch Martha neu. Für die in der Diakonie tätigen Sozialarbeiter und Diakonissen brauchte man ein aktives Frauenbild. Da reichte die nur hörende Maria nicht mehr aus. Ein Schüler Zinzendorfs, dem das »Hören« aufs »Wort« nicht genug war, dichtete für Zinzendorfs Lied: »Herr, Dein Wort die edle Gabe« einen weiteren Vers hinzu:

»Laß mich eifrig sein beflissen,
Dir zu dienen früh und spat,
und zugleich zu Deinen Füßen
sitzen, wie Maria tat.«

So erfand man die Doppelrolle: Maria und Martha. Auch die Vorkämpferin für die Frauenemanzipation, Louise Otto-Peters, wollte beides sein: Jüngerin wie Maria *und* Martha. Ein Pfarrer reimte:
»Die rechte Pfarrersfrau ist die, Martha und zugleich Marie.«
Und Wichern schrieb, »daß die Martha eine Maria und die wahre Maria auch eine Martha sein muß, beide sind Schwestern«. Das war eine praktische Notlösung. Tatsächlich waren die Marthahäuser der Diakonissenanstalten die Dienstbotenhäuser, und wie der Diakonie, so gelang es auch Martha nie ganz, in der Kirche aufgewertet zu werden. Martha in ihrer Hausbackenheit steht immer noch am Rande unseres feiernden, denkenden und meditierenden Christentums, wie die Marthahäuser am Rande der großen Diakonissenanstalten.

Die vergessene Martha

Nun ist Martha mit dieser Marthatradition ein großes Unrecht geschehen, und es wird Zeit, daß wir es wieder gutmachen. Sehen wir uns die Bibel und die Stellen an, wo Martha vorkommt, dann sind es im Grunde zwei ganz verschiedene Marthageschichten. Sie werden auch in zwei ganz verschiedenen Evangelien und von ganz verschiedenen Männern erzählt: eine von Lukas, die andere von Johannes ungefähr 10 Jahre später. Lukas berichtet die bekanntere Geschichte von der dienenden Martha und der hörenden Maria, zu denen Jesus zu Besuch kommt, und Johannes die Geschichte von der Auferweckung des Lazarus, des Bruders Marias und Marthas. Beide berichten übereinstimmend von zwei unterschiedlichen Schwesterntypen: die eine, Maria, still, zurückhal-

tend, vielleicht etwas gehemmt. Die andere, Martha, aktiv, befehlsgewohnt, schnell, redegewandt und mit der Neigung, ihre schüchterne Schwester zu gängeln. Bei beiden Männern ist in den Gemeinden, in denen sie leben, noch die Erinnerung an zwei Frauen lebendig, die in naher Beziehung zu Jesus standen, unterschiedlich in ihrer Veranlagung waren und ganz verschiedene Charaktere und unterschiedliche Funktionen hatten. In der frühen Gemeinde war dann besonders die eine aktiv in der Gemeinde tätig, vielleicht zu aktiv und selbstbewußt, wie wir noch sehen werden. Ihr besonderes Aufgabenfeld müssen diakonische Aufgaben gewesen sein: Tischdienst beim Abendmahl, Verwaltungsarbeit, Armenpflege.
Lukas und Johannes sind zwei frauenfreundliche Schriftsteller der frühen Kirche gewesen. Als griechische Christen kannten sie den Aufbruch der Frauen in der damaligen Gesellschaft und hatten Sympathie dafür. Andere wie Markus und Matthäus, Judenchristen, die in Gemeinschaften mit mehr traditionellen Frauenrollen lebten, scheinen – auf den ersten Blick – weniger interessiert an einzelnen Frauen. Aber beide, Lukas und Johannes, sehen die Frauen und die Arbeit der Frau aus einem bestimmten Blickwinkel. Lukas hatte eine Schwäche für reiche, vornehme Damen, und da paßten Maria und Martha gut hinein. Martha heißt Herrin. Nach allem, was wir den Texten entnehmen können, war sie eine wohlhabende Grundbesitzerin, die das Familienerbe verwaltete. Lukas erzählt auch von uns sonst unbekannten vornehmen Damen, die Jüngerinnen Jesu waren und seinen oder der Gemeinde Lebensunterhalt finanzierten: z. B. von Lydia, der Purpurkrämerin, und von der Ministersfrau Johanna, die ihren Mann, Finanzminister beim König Herodes, verlassen hatte und trotz ihres hohen Standes beim Staatsfeind Jesus bleibt, bis zu seinem Tod und bis Ostern! Ohne die aktiven, einflußreichen, finanzkräftigen Frauen ist für ihn die frühe Kirche nicht denkbar.
Einfühlsam hat auch Lukas eine besondere Frauenpredigt verfaßt und ist auf die Bedürfnisse von Frauen eingegangen: waren die überlieferten Gleichnisse von Jesus zu sehr aus dem männlichen Arbeitsbereich genommen, dann glich er sie gleich mit einem

weiblichen Arbeitsbereich wieder aus (Brotbacken, Aufräumen, Suchen des verlorenen Groschens usw.).
Noch stärker allerdings ist Johannes für Frauen engagiert. Sein Evangelium ist uns heute eine Fundgrube für eine später vergessene Frauentradition der frühen Kirche: er erzählt die Geschichte von der Samaritanerin, die zum ersten heidnischen Apostel wurde. Er läßt Jesus am Kreuz sein Vermächtnis an einen Mann und an eine Frau weitergeben, Johannes und Maria, seine Mutter, die beide, gleichgestellt, symbolisch die neue Gemeinde verkörpern. Und er erzählt eine andere Fassung der uns so in Fleisch und Blut übergegangenen Maria-Martha-Geschichte.
Rufen wir uns die Johannesgeschichte ins Gedächtnis zurück: Lazarus ist krank, und Maria und Martha lassen Jesus wissen, daß sein Freund krank ist – wohl in der Hoffnung, daß er kommt und ihn gesund macht. Als Jesus nach 5 Tagen sich endlich auf den Weg macht, ist Lazarus bereits seit vier Tagen tot. Im überfüllten Trauerhaus hört Martha von seinem Kommen, ergreift die Initiative, verläßt das Haus, um Jesus allein zu treffen. Und sie überfällt Jesus mit dem Satz, der allen Schmerz, allen Zorn und alle Enttäuschung der letzten Tage enthält: »Herr, wenn du bei uns gewesen wärst, hätte mein Bruder nicht sterben müssen.« Den gleichen Satz sagt Maria später, indem sie sich Jesu zu Füßen wirft – um gleich darauf in Tränen auszubrechen. Für Martha ist dieser Satz aber Sprungbrett, Einleitung zu einem leidenschaftlichen Glaubensgespräch. Martha ist nicht »ein Weib«, das in der Gemeinde »schweigt«. Sie überläßt nicht die Theologie den Theologen. Sie debattiert heftig. Sie weint nicht, sie wirft sich Jesus nicht zu Füßen, sie ergibt sich nicht. Sie rechtet mit Gott wie Hiob. Sie wirft Jesus Versagen vor. Sie gibt nicht auf wie Jakob am Jabbok, als er mit Gott ringt. Sie weiß zwar verstandesmäßig gut Bescheid in der Theologie, daß die Auferstehung erst am Jüngsten Tage kommt, und sie hat doch die Hoffnung, daß Jesus jetzt helfen kann.
Vorlaut, zäh, leidenschaftlich – weiß sie alles besser. Unweiblich würden viele es nennen. Zumindest verkörpert sie keine traditionellen weiblich-christlichen Tugenden: Gehorsam, Stille, Erge-

benheit. Das tut eher Maria. Sie bleibt zuerst zu Hause, weint mit den Bekannten um ihren Bruder und wird von der Schwester erst gerufen. Ihren zaghaften Protest gegen Jesus erstickt sie gleich in Tränen: »Wenn Du bei uns gewesen wärst, hätte mein Bruder nicht sterben müssen.«
Ein Ausleger, der sich speziell mit der Frau im Neuen Testament befaßt hat (Leipoldt), meint dazu: »Maria empfindet tiefer als Martha.« Ist dies nicht ein Vorverständnis, Vorurteil, wie eine Frau und der Glaube einer Frau sein sollte: gehorsam, die Grenzen anerkennend, nichts hinterfragend, nichts bezweifelnd, sich einordnend? Johannes hat aber die ganz andere Frau darstellen wollen: die rebellische, die sich nicht einordnet, die sich nicht zufriedengibt mit dem, was ein Mann ihr sagt. Bultmann hat wohl recht: Martha ist hier die Glaubensstärkere.

Martha – eine führende Christin

Marthas zähem, leidenschaftlichem Glauben an die Außerordentlichkeit Jesu begegnet Jesus mit der Selbstoffenbarung: »Ich bin die Auferstehung und das Leben ... « und Martha antwortet mit einem Christusbekenntnis, das auf einsamer Höhe im Neuen Testament steht: »Du bist Christus, der Sohn Gottes, der in die Welt gekommen ist.« Dies kann höchstens noch mit dem Christusbekenntnis des Petrus Mt. 16,16 verglichen werden.
Johannes hat also einer Frau das Christusbekenntnis in den Mund gelegt, einer Frau, die bekannt war wegen ihrer Offenheit, Stärke, praktischen Tätigkeit. Ein Christusbekenntnis, das in den andern Evangelien nur noch einmal in ähnlicher Weise ausgesprochen ist: von Petrus. Ein solches Christusbekenntnis wies für die frühe Kirche einen Apostel aus. Auf das Petrusbekenntnis baute man dann auch die Kirche auf, und bis heute verstehen sich die Päpste als Nachfolger dieses Petrus.
Aber auch Martha ist – so muß man nach dieser Geschichte und diesem Bekenntnis schließen – eine führende Persönlichkeit wie

die Apostel in der frühen Kirche gewesen, eine zähe, kluge, streitlustige, tüchtige, emanzipierte Frau mit vielen praktischen Tätigkeiten in der Gemeinde – realitätsbewußt (die Leiche stinkt schon!) – klug organisierend: Der Lehrer ist da und ruft dich, sagt sie zu Maria, obwohl er gar nicht gerufen hat! Allerdings sollten wir sie uns nicht auf einem Bischofsthron und in apostolischer Würdehaltung vorstellen, sondern als normale Hausfrau und Hausherrin.

Johannes hat an Martha die Glaubensstärke darstellen wollen. Maria ist für ihn die Schwächere, Durchschnittliche. Die Tüchtige, nach außen Wirkende, ist für ihn die Starke. Die Kirche brauchte für ihn die selbstbewußte Frau. In einer Zeit, in der die Frau in den Gemeinden schon merklich zurückgedrängt wurde, hat er der selbstbewußten, klugen und aktiven Frau nochmal ein Denkmal gesetzt. In einer Zeit, als das männliche Apostelamt andere charismatische Ämter der Frühzeit ablöste, hat er noch einmal an die frühe Jesusgeschichte erinnert, wo es Freiheit, Gleichheit und Schwesterlichkeit für die Frau gegeben hatte.

Johannes wirft unser traditionelles christliches Frauenbild von Martha damit über den Haufen: er macht die aggressive, unbequeme, kluge, handelnde, alle Konventionen durchbrechende Martha wieder lebendig: Herrin, Hausfrau, Apostel, die gleichberechtigt neben Petrus steht.

Vermutlich hat diese Martha, so wie wir es kennen, nie gepredigt, und doch wurde ihre geistliche Urteilskraft anerkannt in der Gemeinde. Vermutlich verstand sie weniger vom Alten Testament als von Hauswirtschaft, und doch stand sie gleichrangig und gleichgewichtig neben ihren männlichen Kollegen.

Wir entdecken heute, daß Frauen aus der Wirklichkeit ihrer Lebenserfahrung anders von Gott, vom Glauben, von der Gemeinschaft christlichen Lebens denken und reden können, als es die Theologie und die Theologen vieler Jahrhunderte getan haben. Frauen haben einen eigenen Lebensbereich und eigene Erfahrung, aus der heraus sie Gott erleben und seine Freiheit spüren. Gott ist nicht nur der Starke, Allmächtige, Erfolgreiche, sondern auch der Schwache, Ohnmächtige, so wie sie selbst leben. Vielleicht sind sie der Wirklichkeit des neuen Lebens, der Auferste-

hungswirklichkeit oft ein Stück näher als Männer. Wenigstens spricht das Neue Testament eindeutig davon, daß Frauen hier einen Vorsprung haben: Frauen waren die ersten Zeugen der Auferstehung; Martha erfährt als erste, daß Jesus selbst die Auferstehung ist.
Warum haben wir diese Martha vergessen? Vielleicht hat sie bei vielen Zeitgenossen Angst erzeugt. Vielleicht ist Lukas selbst ein Beispiel dafür; vielleicht hat die Tüchtigkeit der Martha ihn bedrängt, daß er warnend seinen Finger hob, als er die andere Maria-Martha-Geschichte erzählte: zuviel Tüchtigkeit, zuviel Emanzipation ist gefährlich. Seht euch Maria an! Haltet euch an Maria! Bescheidenheit, Zurückhaltung in der Gemeinde steht der Frau besser an!
Unsere christliche Tradition ist Lukas gefolgt. Wir haben immer wieder die Lukasgeschichte erzählt und darüber die Johannesgeschichte vergessen. Und wir haben uns selbst in der Martha wiedergefunden, die nützlich ist, die dient, aber doch deutlich zweitrangig ist.
Sicher wird es immer verschiedene Frauen geben: stärkere und schwächere, nach außen wirkende und nach innen gekehrte. Schlimm wird es nur, wenn *ein* Vorbild *alle* prägen soll.
Lukas vertritt eine zweitausend Jahre lang währende »frauenfreundliche« männliche Tradition in unserer Kirche, die sagt, daß die Kirche die Frau braucht und zugleich zurückschreckt, wenn die Frau zu selbständig, zu gleichberechtigt, zu stark wird. Wir waren zu lange Marthas, nützlich und notwendig, aber ohne Selbstgefühl, um dies heute nicht eindeutig zu erkennen. Wir sollten die Martha des Lukas deshalb ins zweite Glied schieben und die Martha des Johannes ins rechte Licht rücken: die Selbstbewußte, Aktive, Nüchterne, die nicht nachgibt, die keine Begrenzung anerkennt, die über sich und ihre traditionelle Frauenrolle hinauswächst und dabei Auferstehung erfährt.
Wir haben diese Martha vergessen. Aber in der frühkirchlichen Tradition und in der bildenden Kunst ist sie noch lange lebendig geblieben. Nach einer alten Legende hat sie, die nicht nachgelassen hat, bis Jesus sich ihr als die Auferstehung und das Leben ent-

hüllte und ihren Bruder lebendig machte, einen Drachen besiegt –
einen Drachen – Sinnbild des Bösen, der Dämonie und der alten
Ordnung. Im Mittelalter malte man sie häufig als stolze Hausfrau,
zu deren Füßen sich ein gefesselter Drache rollt.

Normalerweise kennt man einen Mann – Georg – als Drachenbesieger. Aber auch eine Frau ist Besiegerin des Bösen – die johanneische Martha, die als erste hörte, daß Jesus die Auferstehung und das Leben ist. Diese Martha könnte Frauen ihr verlorenes Selbstbewußtsein in der Kirche zurückgeben. An Stelle des alten Marthabildes – mißgünstig im Hintergrund in der Küche – können wir jetzt ein anderes setzen: Martha mit den Insignien einer Hausfrau, die mit dem Drachen die alte Ordnung besiegt.

Blick in die Geschichte: Mittelalterliche Martha-Bilder

Martha, die kluge Jungfrau

Um 1300 predigte der Mystiker und Dominikanermönch Meister Eckart über die Lukasgeschichte von Maria und Martha, lobte die reife Martha und kritisierte die unfertige Maria. Damit stellte er alle herkömmliche Exegese auf den Kopf. Bisher war Martha in traditionellen Auslegungen negatives oder schwächeres Sinnbild gegenüber dem vollkommenen Symbol der Maria: Bild der Judenkirche gegenüber der Kirche Christi; Bild der unvollkommenen irdischen Kirche gegenüber der himmlischen Kirche; Bild der vita activa im Gegensatz zur vita contemplativa. Gegenüber den hohen geistlichen Ansprüchen der Kirche war sie mit Vorläufigkeit und Erdenrest belastet. Martha war nichts in sich. Martha war zu überwinden. Nun vergewaltigt Meister Eckart diese Geschichte sichtlich, und die Spitzfindigkeiten, die er dazu benutzt, sind ein Zeichen, gegen wieviel strenge Tradition er angehen muß. Aber mit diesem Handstreich entmachtet er Maria und hebt Martha auf den Thron. Sie ist für ihn der wahre, reife, erfüllte Mensch. Sie verkörpert das höchste menschliche Ideal und wird zum leuchtenden Wunschbild vollendeten Menschentums. Martha ist »fruchtreif«.

Martha lebt. Martha wirkt und schafft. Sie arbeitet nicht bloß, denn »Arbeit tut man von außen, aber Schaffen ist es, wenn man mit sinnvoller Umsicht sich betätigt von innen her: solche Menschen stehen inmitten der Dinge und leben doch nicht in den Dingen.«
Gegen Maria hegt Meister Eckart den Verdacht, sie sitze etwa mehr aus Lust dort als zu geistiger Förderung! Sie muß erst leben lernen. Ihr zufriedenes Genießen, Hören, Aufnehmen ist noch nicht Leben. Es ist erst der erste Schritt dazu. So hat sie »das gute Teil« erwählt, aber dies ist lediglich eine Zusage, daß sie auch einmal so reif und vollkommen wie Martha werden soll.
Die reife, tätige, souveräne Martha erregt Meister Eckarts ganzes Staunen: »Welch wunderbares Außen- und Innenstehen, Begreifen und Umgriffenwerden, Schauen und Geschautsein, Halten und Gehaltenwerden; das ist das letzte, wo der Geist mit Ruhe verharrt, geeint mit der geliebten Ewigkeit.«
Das alte Ideal der nach innen gekehrten, empfangenden Frau tritt zurück, und aus dem Schatten tritt Martha. Mit ihr zeichnet Meister Eckart ein neues Frauenbild: das Bild der verantwortlich handelnden Frau, die voll der Welt und ihren Aufgaben zugekehrt ist. Das schillernde, viele traditionelle Frauentypen umfassende Maria Magdalenabild regt zu dieser Zeit noch immer die Mehrheit der Künstler an. Aber es muß sich die Konkurrenz der Martha gefallen lassen. Die seit der frühen Kirche in Mißkredit geratene Martha gewinnt zum ersten Mal wieder Ansehen. Wieweit Meister Eckarts drastische Marthapredigt überall bekannt wurde, läßt sich nicht sagen. Jedenfalls entsprach sie der Zeit und wurde programmatisch für eine Frauentradition des Spätmittelalters, die die Frau aufwertete. Das Mittelalter, bekannt als Zeit der Hexenverfolgung und der großen Kirchenväter, die die Frau zum Schweigen verurteilten, war vielseitiger, als wir es ahnen.
Seit dem 12. Jahrhundert begegnen wir überall in Europa religiösen Frauenbewegungen, die bis zum Ausgang des Mittelalters anhielten. Sie waren Teil der religiös-sozialen Aufbruchsbewegungen und entsprachen dem Trend der Zeit: weg von den bisherigen hierarchischen Ordnungen der Kirche und den weltabgewandten Idealen der Klöster – hin zu einem neuen religiösen Leben in der

Martha wacht mit Christus

Das Gebet im Garten Gethsemane.
Fra Angelico, Kloster San Marco, Florenz.

Martha läßt Lazarus auf ihrem Schoß schlafen

*Martha, Lazarus und Maximinus nach der Landung
in Marseille.
Tiefenbronner Magdalenenaltar des Lucas Moser, 1431.*

Welt. Dies religiöse Leben sollte echte Nachfolge Christi sein, in Besitzlosigkeit und tätiger Liebe am Nächsten. Neue geistliche Gemeinschaften entstanden; manche, z. B. die Humiliaten, Franziskaner, integrierte die Kirche später als Orden. Andere radikalere Gruppen wie die Waldenser oder Katharer, die Ämter und Sakramente reformieren wollten und als »Häretiker« galten, begann die Kirche bald heftig zu bekämpfen. Und überall waren Frauen zentral und aktiv mitbeteiligt. Bei den Häretikern überwog vermutlich der Anteil der Frauen, da sie ihnen mehr Mitbeteiligung boten. Aber auch die kirchlich akzeptierten Gemeinschaften konnten sich dem Frauenandrang kaum erwehren. Bei den Dominikanern z. B. mußten in der deutschen Ordensprovinz in 5 Jahren (zwischen 1246 und 1250) 32 Frauenklöster übernommen werden.

Die neuen Bewegungen hatten vielerlei Beweggründe, aber die religiöse Unruhe der Frauen muß auch in Zusammenhang mit gesellschaftlichen Ursachen gesehen werden. So gab es z. B. einen Frauenüberschuß durch hohe Sterblichkeitsraten der Männer infolge von Krankheiten und Kreuzzügen. Das Aufkommen der Geldwirtschaft, die Anfänge der Industrie, die Zunahme der Stadtbevölkerung veränderten die Familienstrukturen. In Südfrankreich, wo die Frauenbewegungen sehr stark waren und von vielen adligen Frauen getragen wurden, hatte zudem eine Änderung der Erbfolge beim Adel stattgefunden: um den Grundbesitz zu erhalten, wurden Töchter von der Erbfolge ausgeschlossen und bildeten einen neuen, zu Aktivitäten drängenden Stand.

Mehr Frauen aus allen Ständen als in den vergangenen Zeiten waren also auf sich gestellt und suchten eigene Lebensziele. Viele wanderten mit den Wanderpredigern, andere suchten feste Bindungen außerhalb der Familie.

Die Kirche mußte sich mit dem Frauenproblem und den sich ihr geradezu anbietenden Frauen befassen und neue praktische und ideelle Lösungen schaffen. Im Laufe der Zeit entwickelten sich dann verschiedene Formen des Gemeinschaftslebens: sowohl die ohne klösterliche Ordnung lebenden Frauengemeinschaften wie z. B. die Beginen, als auch Gemeinschaften mit festen Ordensregeln, die sich den neuen Orden anschlossen. Ein introvertiertes Frauenbild genügte jetzt nicht mehr. Die Frauenaktivitäten forderten ein neues Leitbild.

Hier ist der Sitz im Leben für das neue Marthabild. Die praxisorientierte Martha bot Identifikationsmöglichkeiten. Die neuen, praktisch orientierten Orden griffen sie begierig auf. Humiliaten, Franziskaner, kleinere Bruderschaften, z. B. die »compagnia della morte«, die sich speziell der Pflege Pestkranker widmeten, machten sie zur Patronin von Kirchen und Gemeinschaften. Aber auch die predigenden Dominikaner malten ihre Bilder, und Siechen- und Witwenhäuser bekamen ihren Namen und ihre Statue.

Ein Nürnberger Ehepaar, das im Zuge der Zeit eine Kirche und ein dazugehöriges Pilgerhospital stiftete, nannte es nach Martha. Fast 200 Jahre später entstand dafür der Martha-Altar. (Heute in der St. Lorenzkirche) Selbst der dem alten und traditionellen Benediktinerorden angehörende Abt von Kloster Hirsau scheint – reformfreudig – den Magdalenen-Altar von Tiefenbronn angeregt und den Maler theologisch beraten zu haben: Martha ist dort zu neuer Würde neben ihrer Schwester gelangt. Später soll noch Ignatius von Loyola, der Gründer des Jesuitenordens, sie besonders verehrt haben. So wurde Martha keine spezielle Ordensheilige, sondern für die verschiedensten Gruppen Bild des Aufbruchs zu einem neuen verantwortlichen Handeln an der Welt.

Wieweit Frauen selbst dies Bild prägten, bleibt ungewiß. Künstler und Äbte waren Männer, und aus einem patriarchalischen Zeitalter sind uns wenig Quellen über Fraueninitiativen bekannt. Fest steht aber heute, daß Sprache, Bildwelt und Predigt in dieser Zeit von Frauen geprägt wurden, und daß die Mystik der Frauenklöster die geistliche Bewegung, die wir Deutsche Mystik nennen, entscheidend beeinflußt hat.

War der Marthakult ein zunächst in Frauenkreisen gepflegter Kult? Die aktive Frauenbewegung in Südfrankreich und die zu gleicher Zeit dort auftauchende Marthaverehrung läßt dies vermuten. Auffallend ist auch, daß Domenicus, der Gründer des Dominikanerordens, sein entscheidendes Wirkungsfeld in Südfrankreich hatte, wo diese Marthalegende und -tradition entstanden war. Er arbeitete immer wieder mit Frauen zusammen, organisierte ihre Gemeinschaften und bemühte sich, Frauen aus den häretischen Zirkeln abzuziehen. Hat er die neue Martha dort in Frauengruppen kennengelernt, und ist es ein Zufall, daß gerade Dominikaner ein eigenwilliges, gegen die Tradition gerichtetes Marthabild gepflegt haben?

Von Meister Eckart wissen wir, wie stark seine Predigten und seine Denkweise auf Anregungen der Frauenklöster zurückgehen und wie er in ständigem Austausch mit diesen Klöstern stand. Seine ehrfürchtige Bewunderung der Martha hat sich vermutlich an einer Frau entzündet, so wie seine Warnung vor dem bequemen Genuß der Maria ebenfalls Klostererlebnisse widerspiegelt. Heute entdecken wir, daß viele unter männlichem Namen herausgegebene Kunstwerke von Frauen stammen. Ist diese Frauenpredigt vielleicht auch von einer Frau verfaßt? Jedenfalls entsprach die neue Martha den Bedürfnissen der Frauen, die sich aus alten Ordnungen lösten und ein neues Selbstverständnis suchten.

Wer war nun diese Martha? Was bedeutet sie für die neue Frauenbewegung? Welche Möglichkeiten boten sich in ihr der Frau des Spätmittelalters an? Neben Meister Eckarts revolutionärer Exegese sind es vor allem die Kunstwerke, die uns Aufschluß geben.

Zunächst muß Martha in Unterscheidung oder sogar Abgrenzung zu Maria gesehen werden. Um beide Gestalten hatten sich im frühen Mittelalter Legenden gebildet, zunächst um Maria, die – wie unten noch gezeigt wird – mit Maria Magdalena gleichgesetzt wurde, später auch um Martha. Danach galten sie als Schwestern von Bethanien, waren mit Lazarus aus Palästina vertrieben worden, auf ein Floß gesetzt und nach Frankreich gekommen. Hier entfalteten sie dann alle drei Missionstätigkeit. In der früheren Maria Magdalena-Legende stand Martha noch ganz im Schatten der pikanteren, attraktiveren Schwester, bis sich später eine eigene Martha-Legende entwickelte, auf die wir noch ausführlich eingehen werden. Meister Eckart, der sich auf die ältere, die Maria-Magdalena-Legende bezieht, macht sich frei von der Hauptheldin und bevorzugt Martha. Andere Zeitgenossen waren nicht ganz so radikal und stellten beide Frauentypen nebeneinander. Aber das Marthabild gewinnt an Gehalt. Martha verselbständigt sich, bekommt Charakter und Farbe und nimmt es von nun an ohne weiteres mit Maria auf.

Die Kunst des 14. und 15. Jahrhunderts ist voll von Lob der tüchtigen und geistlichen Martha: in einer Seitenkapelle der Kirche Santa Croce in Florenz hat Giovanni di Milano sie als Gastgeberin in Bethanien, wie von einem inneren Licht erhellt, gezeichnet (1336). In der St.Marthakirche bei Lugano (14. Jahrhundert) steht sie in geistlicher Würde wie eine Schutzmantelmadonna und weiht die ihr zu Füßen knieenden Ordensbrüder. Auf einem Bild im Foligno-Kloster sitzt sie ermüdet, aber gedankenversunken und vergeistigt neben dem Herd (15. Jahrhundert). In Tiefenbronn bei Pforzheim (1431), wo der Altar die dramatische Geschichte der bethanischen Geschwister, von der Meerfahrt auf steuerlosem Floß bis zu den Erlebnissen in Marseille, erzählt, steht sie da wie der zum Bischof gemachte Lazarus, in schöner Gelassenheit und geistiger Souveränität. Nichts erinnert mehr an banale Erdhaftigkeit, wie die Kirchenväter sie ihr nachsagten, oder an die späteren Küchenszenen und die »treu-sorgende« Martha der Neuzeit. Gegenüber Lazarus und Maria hat sie eigenes Profil gewonnen. Ihr Gesicht ist stets großflächig dem Betrachter zugewandt. Sie strahlt Ruhe und Sicherheit aus. Während Maria, in Reue gekrümmt, Jesu Füße salbt, serviert Martha das Essen. Während Maria auf dem gefährdeten Floß eifrig mit den Männern diskutiert, ist Martha im Gebet konzentriert. Während Lazarus erschöpft nach der Ankunft in Marseille auf ihrem Schoß eingeschlafen ist und alle Bischofswürde wie seine Mitra abgesetzt hat, hält Martha ihn – wie eine Mutter ihr Kind – an seinem Bischofsmantel fest. Ihre Aktivität ist ohne Makel, ihre Spiritualität ohne Zweifel. Martha ist der gelassene ruhige Mittelpunkt gegenüber der dramatisierten Magdalena und den ein wenig lächerlich und überflüssig wirkenden Männern. In der Predella des Altars hat der Maler Lucas Moser sie schließlich als kluge Jungfrau und Maria Magdalena als törichte Jungfrau gemalt. Das war eine Umkeh-

rung aller bisherigen Werte. Martha ist die zu neuer Anerkennung und zu neuem Selbstwertgefühl gekommene Frau.
Diese Martha ist gegenüber der labileren, bewegteren, jungen Maria Magdalena die reife ältere Frau. War ihre Schwester zum Sinnbild der Fleischeslust, der verführten und verführenden Sexualität gemacht worden und damit in ein von Männern gedachtes, von der Kirche gefördertes Bild der schönen und gefährlichen Frau geraten, so ist Martha frei von solchen Konflikten. Ihre Schönheit ist die Schönheit der Reife. Sie ist in ihrer ganzheitlichen Existenz eins mit dem Willen Gottes. Sie ist *ganz* akzeptiert. Sie ist ein guter Baum, der gute Früchte bringt. Das setzt weniger Männerphantasie in Spannung. Das mag langweilig und spannungslos sein. Vermutlich ist diese Marthakunst und dieses Marthabild stärker von Frauen getragen, als wir heute beweisen können.
Neben die magna peccatrix »die große Sünderin« Magdalena ist die magna mater »die große Mutter« Martha getreten. Viele Madonnenbilder der gleichen Zeit zeigen dieselben bei Martha vorkommenden alten matriarchalischen Elemente auf, die zuweilen unter christlich-patriarchalischen Vorstellungen erstickt waren. Z. B. den weitgeöffneten Schutzmantel, unter dem die Madonna die Ihren: Mönche, Kirche und Kinder, birgt. Mit seinen männlichen Gottes- und Sohnbildern hatte das Christentum immer wieder wesentliche Elemente von Weiblichkeit unterdrückt. Jetzt im Spätmittelalter durften sich matriarchalische Grundbedürfnisse wieder erfüllen. Dominierende Frauen- und Muttergestalten, in denen das männliche Element zum Kind geworden ist, begegnen häufig. Mag die Mutterkultur schon zu gleicher Zeit in die Häresien gewandert sein, wie Erich Neumann meint, so sind zumindest im Marthakult Wünsche von Menschen nach selbstbewußter Weiblichkeit, nach souveräner Mütterlichkeit, nach integrierender Klugheit und Weisheit der Frau in der Kirche zum Zuge gekommen. Die Martha dieser Zeit trägt nun häufig ein Gefäß in der Hand. Es ist der berühmte Salbtopf, der ihr aber eigentlich gar nicht zusteht, sondern ihrer Schwester, die angeblich Jesus gesalbt hat. Aber der Salbtopf ist zum Gefäß geworden, zum Sym-

bol der Frau. Ihr Körper ist Gefäß. Ihre Geräte sind Gefäße. Martha – magna mater – wird zum Leitbild der »fruchtreifen«, mächtigen, schaffenden, sich selbst erfüllenden und einbringenden Frau, die dem Mann Bewunderung abnötigt.

Ein in der Kunstgeschichte wohl einmaliges Marthabild hat uns der Dominikanermaler Fra Angelico hinterlassen. In schöner Dominikanertradition hat er im Männerkloster San Marco in Florenz die Marthageschichte weiterphantasiert: es ist die Gethsemaneszene. Jesus betet im Hintergrund, daß der Kelch des Kreuzestodes an ihm vorübergehen möge, und ein Engel schwebt hinunter und stärkt ihn. Links in der Mitte schlummern süß, selig und von ihrer Hilflosigkeit übermannt Petrus, Jakobus und Johannes. Im rechten Vordergrund sitzen – geschützt von einer Hauswand – wachend Martha und Maria. Die Heiligenscheine mit ihren Namen weisen sie aus. Maria senkt den Kopf und liest in einem Buch. Martha ist ganz da, richtet fragend ihre Blicke auf die versunkene Maria und betet mit erhobenen Händen in der gleichen Haltung wie der angefochtene Jesus im Hintergrund. Kontemplation und Aktion, die Kennzeichen der beiden Schwestern, sind noch erkennbar. Aber die Aktion der Martha ist jetzt die aus einer ganzheitlichen Betroffenheit, einer Spiritualität gewachsene Bereitschaft, mit Jesus zu wachen. Die Jünger sind die Versager, die Schlafmützen. Hier hat Fra Angelico die alte Matthäus-Markus-Geschichte von den versagenden Jüngern und den durchhaltenden Frauen aufgegriffen. Aber nie hat wohl sonst ein Maler Martha aus der Idylle von Bethanien weggeholt und sie sich in der dunkelsten Stunde menschlichen Versagens in Gethsemane bewähren lassen.

Martha ist Jesus ganz nah, in der Nachfolge, in der Haltung. Sie, die Frau, ist die eigentliche Nachfolgerin Jesu.

Noch mit einem zweiten Bild hat Fra Angelico die biblische Tradition nach seinem Marthabild ausgelegt. Er stellt sie als einzige Frau neben die heilige Veronica unter das Kreuz. Und wieder sind es ihre Hände, die aktiven, betenden, die sie entsetzt, aber auch beschwörend hebt im Blick auf den Gekreuzigten.

Vielleicht ist sie auch noch in einem dritten Bild gemeint. Sie trägt

den gleichen grünen Mantel wie auf den beiden andern Bildern. Der tote Jesus wird ins Grab gelegt. Maria, seine Mutter, bettet seinen Kopf, Maria Magdalena seine Füße, die sie gesalbt hat, und die Gestalt im grünen Mantel hält seine Hand fest in der ihren.
Ein sehr spätes apokryphes Evangelium läßt Maria und Martha bei der Kreuzigung zugegen sein. Hat Fra Angelico es gekannt?
Es gab genügend andere beim Kreuz, Tod und Begräbnis bezeugte Frauen, die Material abgegeben hätten. Daß Martha ihre Stelle einnimmt oder neben sie tritt, ist ein Zeichen für ihre Symbolkraft im religiösen Aufbruch des Mittelalters.

Martha, die Drachenbesiegerin

Ein anderes mittelalterliches Marthabild, das den Aufbruch der mittelalterlichen Frau anzeigt und noch tiefere Bewußtseinsschichten aufdeckt, ist Martha, die Drachenbesiegerin.
Selbst Kennern christlicher Kunst sind solche Bilder kaum bekannt. Aber der aufmerksame Beobachter wird südlich des Mains, in der Südschweiz, Frankreich und Italien immer wieder auf Gemälde, Statuen oder Kirchenfenster stoßen, die Martha und zu ihren Füßen einen Drachen darstellen. Vor allem die Renaissancemaler, die die Frau und zugleich die Natur und Erde in ihrer ganzheitlichen Schönheit wiederentdeckten, fesselte dies Motiv. Die bekanntesten Bilder sind von so berühmten Malern wie Berhardino Luini, Antonio Corregio und Bartholomäus Zeitblom. Kaum einer der spätmittelalterlichen Maler hat sich diesem faszinierenden und volkstümlichen Motiv entziehen können. Die Bilder sind so vielfältig und verstreut, daß keine Ikonografie bisher alle diese Marthadarstellungen erfassen konnte. Erste Bilder tauchen im 14. Jahrhundert in Südfrankreich auf und verbreiten sich im 15. und 16. Jahrhundert nach Oberitalien und Süddeutschland. Merkwürdigerweise begegnen sie in Italien dort, wohin die Sekte der Katharer durch die Inquisition vertrieben wurde: in der Toskana und Lombardei. Entsprach die Martha ihrem selbständigen Frauenbild? Stammt es sogar aus ihren Kreisen?

Die drachenbesiegende Martha erinnert nun überhaupt nicht mehr an die lukanische Hausfrau, die von Jesus gerüffelt wird. Martha strahlt nicht nur Ruhe und Überlegenheit aus: sie ist stolz, siegessicher, selbstbewußt. Oft ist sie als gereifte Frau gemalt, manchmal als Nonne, aber auch als junge elegante Dame der Gesellschaft. In einer puttengeschmückten, lebensfrohen Barockkirche im Tessin gleicht sie einer strahlenden griechischen Göttin im weiten Mantel. In der einen Hand hält sie meist einen Weihwassertopf und einen Weihwasserwedel oder ein Kreuz, durch die sie den Drachen gebändigt hat. Mit der andern Hand faßt sie ihren Gürtel, das Symbol der Reinheit, mit dem sie ihn gefesselt hält.

Ihre stolze Siegessicherheit steht nun in krassem Gegensatz zu dem zähnefletschenden Ungetüm zu ihren Füßen. Hier hat die Phantasie der Künstler ein reiches Betätigungsfeld gefunden: der Drache ist ein vergrößertes Schlangenungeheuer. Er sieht einer gepanzerten Urweltechse ähnlich, geht auf Löwenfüßen oder Schwimmflossen. Er rollt sich mit ganzer, sich aufbäumender Macht zu Marthas Füßen. Er lugt listig-hinterhältig zu seiner Besiegerin auf. Wie ein Märchentier hat er Flügel, die sich traurig und besiegt senken. Seine Furchtbarkeit ist noch zu erkennen, denn er ist ja nicht tot, sondern nur gefangen, besiegt, unschädlich gemacht, gebändigt. Am Nürnberger Marthaaltar ist sein Opfer – ein Mensch mit Rock und Füßen – noch halb zu sehen. Gibt er es wieder frei? Alle biblischen Tiergestalten, die das Böse symbolisieren, sind in ihm vereint: die Schlange, der apokalyptische Drache, das Tier aus dem Abgrund.

Auch wo der Drachensieg nicht zum Thema wurde, geistert bei manchen Marthabildern der Drache noch im Hintergrund: zu einer Spielzeugfigur in ihrer Hand ist er auf einer Reliquienbüste im Halleschen Heiltumsschrein zusammengeschrumpft. Winzige Drachenkobolde sind in den grünen Wolkengrund gemalt, auf dem die Martha des Tiefenbronner Altars steht.

Wo kommt diese mythologische, uns fremde und heute vergessene Marthatradition her?

Das Mittelalter ist reich an Legenden, die das Leben biblischer Gestalten weitererzählten und phantasievoll ausschmückten, wo die Bibel scheinbar zu blaß und gerafft erzählt hatte. Sie verwo-

Der männliche Drachensieg

Georg-Brunnen Tübingen
Dahinter: Fenster der Stiftskirche mit Drachenkampf.

Der weibliche Drachensieg

Martha.
Wallfahrtskirche Madonna d'Ongero in Carona
bei Lugano, 1. Hälfte des 18. Jahrhunderts.

ben sich mit Begebenheiten aus der frühen Kirche und Erfahrungen bekannter Christen, so daß ein oft wunderliches Gemisch blumiger Phantasie, archaischer menschlicher Wahrheit und biblischer Motive entstand. Einen besonders fruchtbaren Boden gab dafür Südfrankreich ab. Hier entwickelte sich – wie unten noch gezeigt wird – vor allem ein Maria-Magdalenakult und in seinem Gefolge ein Lazarus- und Marthakult, jeder mit einem bestimmten Ort und eigenen Traditionen verbunden. Maria Magdalena wurde vor allem in Vézelay, später in St. Baume verehrt, Lazarus in Autun und Martha in Tarascon. Ihre gemeinsame Geschichte erzählt, daß die drei bethanischen Geschwister aus Palästina vertrieben wurden. Mit vielen anderen Christen seien sie von den Ungläubigen auf ein Schiff gesetzt und ohne Steuer ins Meer gestoßen worden, «auf daß sie allesamt untergingen». Der Tiefenbronner Altar gibt anschaulich in seinen Bildern diese Meerfahrt auf steuerlosem Schiff, die Ankunft der Geschwister in Marseille und den Beginn der Missionstätigkeit der Maria Magdalena wider.

Spielt in diesem sich vornehmlich um Maria Magdalena rankenden Geschichtenzyklus Martha die zweitrangige Rolle, so entstand bald eine eigene Marthatradition. Schon im 10. Jahrhundert hatte man in Südfrankreich vereinzelt Martha verehrt. Im 11. Jahrhundert wurde eine Kirche in Tarascon nach ihr benannt. 1187 entdeckte man angeblich dort ihre Reliquien, und 10 Jahre später wurde ihr eine neu errichtete Kirche geweiht.

Scheinbar unabhängig, aber wohl nicht beziehungslos dazu, entfaltete sich die eigentliche Marthalegende. Danach führte sie – dem Zeitideal entsprechend – ein vegetarisch-asketisches Leben und stand einem Frauenkonvent vor. Aber – und nun wird es aufsässiger –, sie predigte, heilte Kranke und weckte einen Toten auf, der ihrer Predigt zuhören wollte, dazu einen Fluß durchschwamm und ertrank. Marthas apostolische Funktion wird neu entdeckt! Aber noch mehr: die Legende überträgt ihr eine traditionelle Männerrolle, den Drachensieg.

Von den Bewohnern der Landschaft zwischen Arles und Avignon wird sie um Hilfe gebeten. Ein menschenfressender Drache, Tarascus genannt, »halb Tier, halb Fisch«, dicker als ein Rind und länger als ein Pferd, mit Zähnen wie Schwerter und spitz wie Hörner«, läge in der Rhone verborgen, töte alle, die vorüberkommen, und versenke die Schiffe. »Wider den Drachen zog Sancta Martha, denn das Volk bat sie. Sie fand ihn im Wald, wie er einen Menschen aß. Alsbald goß sie geweihtes Wasser über ihn und hielt ihm ein Kreuz vor, da war er besiegt und stund wie ein zahmes Lamm. Martha band ihn mit ihrem Gürtel. Danach kam das Volk und schlug ihn mit Steinen und Speeren tot.«

Mag der aufgeklärte Protestant des 20. Jahrhunderts über diese verchristlichte Drachensage lächeln und sie als Rückfall in mythologische Vorzeiten werten, so ist doch ihr biblischer, kulturgeschichtlicher und tiefenpsychologischer Zusammenhang beachtenswert. Das Motiv eines See- oder Landungeheuers, das die Einwohner einer Stadt bedroht, ist aus der Mythologie fast aller Völker bekannt. Meist verlangt das Ungeheuer ein Opfer, oft eine reine Jungfrau, bis der Held kommt, das Opfer befreit und das Drachenungeheuer besiegt. So rettet in der griechischen Sage Herakles Hesione. So befreit – in Übertragung der griechischen in die christliche Mythologie – der heilige Georg die zum Opfer ausersehene Königstochter Margarete und tötet den Drachen. (Margarete ist ebenfalls dargestellt mit dem gefesselten Drachen am Gürtel. Aber sie gehört in die aus Kleinasien stammende Georgslegende, ist gerettetes Opfer, aber nicht die Besiegerin selbst).

In der Marthalegende kehren verschiedene Elemente der Drachenlegenden wieder: Der Drache bedroht eine Stadt, und Menschen fallen ihm zum Opfer. Wie die gerettete Königstochter fesselt Martha den Drachen mit ihrem Gürtel und führt ihn so in die Stadt, wo er getötet wird. Der Drache ist am Gürtel der Frau zahm wie ein Lamm oder wie ein kleiner Hund gemacht.

Gegenüber der kanonischen Drachensiegerlegende fehlte hier aber die entscheidende Figur: der Reiter, Ritter, der starke Held, der Militär. Was ist geschehen?

Ein Einzelmotiv der Drachensage hat sich verselbständigt: die Frau, die Opfer war, ersetzt nun den männlichen Helden. Gegenüber allen Gesetzen der Mythologie ist damit etwas Ungeheuerliches eingetreten: die Frau – selbst dem Drachen nah und mit Drachen immer wieder in Verbindung gebracht. Demeter sitzt auf einem Drachenwagen, die Schlange, »der alte Drache« hat häufig einen Frauenkopf – man denke an die Redensart von der Frau als »Hausdrache« – wird konfrontiert mit ihresgleichen. Die Frau ist damit nicht mehr nur Sinnbild des Ungeordneten, Chaotischen, Bedrohenden. Eine Frau besiegt das, was man als Frau fürchtet. Sie wird in der christlichen Legende dem Mann ebenbürtig. Mit der Marthalegende ist ein uraltes patriarchalisches Symbol aufgehoben, das auf dem Dualismus von Mann und Chaos (= Frau) und der Gleichsetzung Frau = Chaos aufbaut. Die negativ-chaotische Einschätzung der Frau ist durchbrochen. An einer biblisch-christlichen Figur endet die patriarchalische Mythologie.

Auffallend ist nun der Unterschied zwischen dem weiblichen und männlichen Drachensieg. Georg sprang auf sein Roß, heißt es in der Sage, schwang die Lanze mit großer Macht und traf den Drachen so schwer, daß er zu Boden stürzte. Am Ende der Geschichte zieht er sein Schwert und erschlägt den Drachen. Vergleichen wir Martha- und Georg-Bilder: in der männlichen Vorlage stößt ein Mann gestiefelt und gespornt mit voller Kraft seine Lanze dem Untier in den Rachen. Die Lanze bricht in manchen Darstellungen ab. Der Drache ist tödlich verletzt. In der weiblichen Variante besiegt und bezähmt die Heldin auf bloßen, verletzbaren Füßen und in wallendem Kleid das Ungeheuer mit Weihwasser und -wedel oder Kreuz. Erst das Volk tötet das Untier.

Beim Mann stößt Gewalt auf Gegengewalt. Martha begegnet dem Drachen, ohne ihn zu töten. Martha überwindet das Bedrohende ohne Gewalt. Sie hat es nicht nötig, zum letzten Mittel zu greifen. Sie siegt trotzdem. Und sie trägt Züge des Siegers und des Opfers. Mit ihrer ganzen Existenz hat sie das Untier gebändigt und ist zur Siegerin geworden. Eine rumänische Heilige, Marina, die nach einer Sage den Teufel mit einem Hammer erschlägt, entspricht dagegen patriarchalischen Modellen.

Die Vorstellungen, die sich mit dem Drachen verbinden, reichen vom Tod alter Ordnung, Chaos, bis zu Häresie und Heidentum im Mittelalter. Zunächst verband sich mit der frühen südfranzösi-

schen Martha und ihrem Drachensieg Hoffnung auf Heidenbekehrung und Ketzerbekämpfung. Martha war Missionsheilige. Aber es wäre zu billig, hier im Vordergründigen steckenzubleiben und nicht auch die tiefenpsychologischen Aspekte für die Entwicklung der patriarchalischen Mythologie zu sehen:
In der griechischen Sage spiegelt sich der Sieg des Geistes, des Bewußtseins über das Unbewußte, das Urungeheuer, der Sieg einer patriarchalischen Kultur über matriarchalische Urformen wider. Der Held, der Rationalität und Bewußtsein verkörpert, mußte männlich sein. In der Geschichte vom mannhaften Drachentöter Georg hat die christliche Kirche dies Motiv aufgegriffen und sich mit der patriarchalischen Bewußtseinsstufe identifiziert. »Jede patriarchalische Welt fußt darauf«, so Erich Neumann, »dieses titanische Element, ... in den mütterlichen Ursprungsschoß der Unterwelt zurückzuverbannen. Deswegen sieht die patriarchalische Welt ihren Stolz darin, sich abzubilden, wie sie dem besiegten Drachen der Tiefe den Fuß aufs Haupt setzt.« Auch die Auferstehung Christi, daß er der Schlange den Kopf zertritt, hat diese patriarchalische Deutung erfahren, die heute allerdings nach anderer Deutung drängt.
In der Marthageschichte dagegen ist das Neue eingetreten: Eine Frau symbolisiert jetzt den Sieg über das Unbewußte, den Tod, das Bedrohende, und sie hat den Drachen auch auf neue Weise besiegt: nicht zertreten, sondern gebändigt. In Martha deutet sich zeichenhaft ein anderer Umgang mit dem Bösen an: nicht seine Vernichtung, sondern seine Erlösung, »die Wandlung des Unteren«, wie Erich Neumann es nennt, ohne allerdings ein Symbol dafür zu nennen.
Bedenkt man weiter, wie viele Schlangen-Drachenbilder aus der Sündenfallgeschichte ein weibliches Gesicht haben, wie stark gerade die alte Kirche und das frühe Mittelalter in der Frau und ihrer Sexualität *die* Ursünde sahen, wird das Martha-Drachenbild durchsichtig für eine neue Weise, mit sich, der Natur, Sinnlichkeit und Sexualität umzugehen. Martha, die sich für die Auferweckung des Lazarus engagierte, die Frau, die als erste hört, daß Jesus die Auferstehung und das Leben ist und sich dazu bekennt,

zeigt ein neues Verhalten zu den Naturmächten, dem Tod und der Bedrohung. Bezeichnend ist, daß in der Frauenkultur der Renaissance das Martha-Drachenmotiv aufblüht. Ein neuer Humanismus kündigt sich an: die Natur wird integriert, die Frau aufgewertet. Dann endete mit Reformation und Gegenreformation fast überall die Emanzipation der Martha zur Drachensiegerin.

Die Georgtradition, die unbekümmert nebenherlief, hatte in einer männlichen Welt und in einer sich wieder vermännlichenden Kirche stärkere Symbolkraft und längeren Atem. Sie ist Ausdruck von Herrschaft über die Welt, die Natur, sich selbst, Bild eines männlich-mächtigen Christentums. In den Kreuzzügen zum Motiv christlichen Handelns an einer zu besiegenden und zu erobernden Welt geworden, drang sie bis in die nordischen Länder vor und ist bis in die neue Zeit in Dichtung und Bild gegenwärtig.

Noch im Spätmittelalter und bis in die Barockzeit konnten beide Symbole friedlich nebeneinander bestehen. Wir finden Maler, die beide Motive malten, wir kennen Kirchen, die Martha und Georg vereinen. Ein besonders schönes Beispiel für eine bis ins 18. Jahrhundert in den Tessiner Bergen sich haltende Martha- und Georgstradition, ist die kleine Berggemeinde Carona oberhalb Luganos:

Die älteste Kirche ist die schon erwähnte Marthakirche aus dem 15. Jahrhundert. Auf großen spätgotischen Fresken weiht eine hoheitsvolle Patronin Martha – um ihr Gewand den bekannten Gürtel – die Mönche einer Bruderschaft, die sich der Pflege Pestkranker widmen wollen. Ein kleines Reliefbild, bescheiden im Hintergrund der Kirche, zeigt Georg im Drachenkampf. Dafür ist die Dorfkirche selbst dem männlichen Drachenbesieger gewidmet: über dem Eingangsportal ein kleines Relief und im Innern ein großes anschauliches Bild, wie Georg dem Drachen seine Lanze in den Rachen stößt, während die gerettete Königstochter mit verschränkten Armen zuschaut.

Eine dritte Kirche, die im Wald gelegene Wallfahrtskirche Madonna d'Ongero, aus der zweiten Hälfte des 18. Jahrhunderts, hat beide Motive vereint: eine stolze barocke, drachenbesiegende

Martha im vorderen Kirchenschiff und ein kleineres Georgsrelief am Eingang.

In diesem spätesten Zeugnis der Marthatradition ist noch einmal der frauenfreundliche matriarchalische Marthakult des Mittelalters festgehalten. Aber die patriarchalische Tradition der christlichen Kultur war stärker: die Martha-Drachen-Tradition ist heute vergessen. Georg wurde zum Leitmotiv der militia Christi, ohne wie im Mittelalter weibliche Gegenbilder und alternative Lebensstile zu dulden. Die Georgs- oder Siegfriedssymbole des Patriarchats prägten uns und unsere Welt, und die Frauen blieben wie die Königstochter in der Georgslegende die zu befreienden Objekte. Heute, wo weibliche Verhaltensweisen und alternative Lebensstile wieder im Vorrücken sind, bekommt das Marthasymbol neue Ausdruckskraft.

Literaturhinweise

Brown, Raymond, Die Rolle der Frau im 4. Evangelium. In: Frauenbefreiung, Hg. E. Moltmann, München 1978.
Bücher, Karl, Die Frauenfrage im Mittelalter, Tübingen 1910.
Bultmann, Rudolf, Das Evangelium des Johannes, Göttingen 1952.
Meister Eckart, Ewige Geburt. Gütersloh 1948.
Grundmann, Herbert, Religiöse Bewegungen im Mittelalter. Darmstadt 1970.
Koch, Gottfried, Frauenfrage und Ketzertum im Mittelalter, Berlin 1962.
Maillet, Germaine, L'Art et les Saints. Saint Marthe, Paris 1932.
Neumann, Erich, Die Bedeutung des Erdarchetyps für die Neuzeit. In: Eranosjahrbuch 1953.
– Die große Mutter, Olten 1974.
Schweizer, Eduard, Das Evangelium nach Markus, NTD, Göttingen 1967.
Voragine, Jacobus, de, Die Legenda aurea, Heidelberg 1979.
Art. Martha, in: Lexikon der Ikonografie. Freiburg 1974.

Salbung in Bethanien

*Tafelmalerei, 1461,
Nicolaus Froment,
Altarflügel,
Uffizien Florenz.*

2. Maria von Bethanien

Die Bibel

Maria setzte sich zu Jesu Füßen und hörte ihm zu. (Lk. 10,39)

Jesus liebte Martha und ihre Schwester Maria und Lazarus ... Martha nahm ihre Schwester Maria beiseite und sagte zu ihr: »Der Lehrer ist da und ruft dich!« Als Maria das hörte, stand sie schnell auf und lief zu ihm hinaus. Jesus hatte das Dorf selbst noch nicht erreicht. Er war immer noch an der Stelle, wo Martha ihn getroffen hatte. Die Juden, die bei Maria im Haus waren, um sie zu trösten, sahen, wie sie aufsprang und hinauseilte. Sie meinten, daß Maria zum Grab gehen wollte, und folgten ihr. Als Maria zu Jesus kam und ihn sah, warf sie sich ihm zu Füßen. »Herr, wenn du bei uns gewesen wärst, hätte mein Bruder nicht sterben müssen«, sagte sie zu ihm. Jesus sah sie weinen; auch die Juden, die mit ihr gekommen waren, weinten. Er wurde zornig und war sehr erregt. (Joh. 11,5.28–33)

Sechs Tage nach dem Passahfest ging Jesus nach Bethanien. Dort wohnte Lazarus, den er vom Tod zum Leben zurückgerufen hatte. Man hatte ein Festessen für Jesus vorbereitet. Martha versah den Tischdienst, während Lazarus mit Jesus und den andern zu Tische lag. Da nahm Maria eine Flasche mit sehr wertvollem Nardenöl, goß es Jesus über die Füße und trocknete sie mit ihren Haaren. Das ganze Haus duftete nach dem Öl. Judas Ischarioth, einer von den Jüngern, der vorhatte, Jesus zu verraten, sagte: »Warum wurde dieses Öl nicht für dreihundert Silberstücke verkauft und das Geld an die Armen verteilt?« Er sagte das nicht, weil er den Armen etwas Gutes tun wollte, sondern weil er ein Dieb war. Er verwaltete die gemeinsame Kasse und griff oft zur eigenen Verwendung hinein. Aber Jesus sagte: »Laß sie in Ruhe! Sie hat es für den Tag meines Begräbnisses getan. Arme wird es immer bei euch geben, aber mich habt ihr nicht mehr lange bei euch.« (Joh. 12,1–8)

Kommentare

Maria ist still und kommt zu Jesus erst, als man sie ausdrücklich ruft. Wie der Zusammenhang zeigt, empfindet sie tiefer als Martha. Sie fällt vor Jesus nieder, redet wenig, erreicht aber gerade dadurch, daß er einen tiefen Eindruck von ihrem Schmerz empfängt. (Johannes Leipoldt)

Gerade der Kontemplativen neigt Jesus zu, und hier liegt wohl gerade das Neue in der Beziehung Jesu zu den Frauen seiner Umgebung. (Shalom Ben Chorin)

Jede Hausfrau sollte auch einmal nach Marias Vorbild ein Weilchen sich frei machen zu neuer geistiger Anregung. Sie muß auch nach Christi Willen dem Manne mehr sein als bloße Haushälterin und den Kindern mehr als Versorgerin ... Sie muß zuweilen die Arbeit ruhen lassen, um sich hinzusetzen und die Kinder oder den Gatten geduldig und teilnahmsvoll anzuhören, wenn sie quälende oder frohe Fragen mit ihr besprechen wollen. (Peter Ketter)

Wir haben sie in Verdacht, die liebe Marie, sie sitze etwas mehr aus Lust dort als zu geistiger Förderung. Drum sagt Martha: »Herr, laß sie aufstehen!«, denn sie fürchtete, daß Maria in solcher Lust verharren möchte und nicht vorwärts käme. (Meister Eckart)

In ihr (Maria) ist also die erste Stufe des Glaubens dargestellt, über die sich ihre Schwester erhob ... Jene Gewißheit der Martha ist ihr nicht eigen. (Rudolf Bultmann)

Im Schatten der Schwester

Maria von Bethanien geht es wie vielen Frauen:
ihre Stimme ist nicht laut,
was sie sagt, ist nicht originell,
ihre Geschichte ist nicht dramatisch.
Sie bewegt sich unauffällig,
ihr Auftreten ist bescheiden.
Sie wirkt sympathisch, aber beim nächsten Mal hat man ihren Namen vergessen und verwechselt sie mit einer anderen Frau, die mehr Eindruck hinterlassen hat.
Schon der jüdische Allerweltsname Maria hat dazu beigetragen. Sechs neutestamentliche Marias gibt es allein: die Mutter zweier Jünger, eine Christin in Rom, die Mutter des Johannes Markus, bei der die Urgemeinde zusammenkommt, und schließlich die beiden berühmtesten Marias: die Mutter Jesu und Maria von Magdala, die man unter dem Namen Maria Magdalena kennt. Der Schatten der letzteren hat Maria von Bethanien fast erdrückt. Weil Johannes von Maria von Bethanien erzählte, daß sie Jesus die Füße gesalbt habe, und man solche Salbungsgeschichte von einer Prostituierten, die man – ganz zu Unrecht – mit Maria Magdalena in Verbindung brachte, erzählte, verschmolzen sie miteinander. So bekam Martha eine Schwester, die häufig als Maria Magdalena gilt. Dieser Irrtum blühte seit dem Mittelalter bis heute. Bildende Künstler, Dichter und selbst Theologen fielen ihm anheim, und das Gestrüpp so vieler Irrtümer verdüsterte Marias Gesicht. Maler malten die Schwestern Martha und Maria Magdalena. In den Legenden tauchte dieses typisierte Schwesternpaar wieder auf. Selbst die modernen Jesusmemoiren des Theologen Jean Claude Barreau saßen diesem bequemen Irrtum wieder auf. Denn typisierte Frauen lassen sich leichter fassen und darstellen.

So fiel es Maria von Bethanien schwer, ein Eigenleben zu entfalten. Auch in den Erzählungen des Neuen Testaments, in denen sie vorkommt, ist das nicht viel besser. Sie sitzt in der Lukaserzählung vom Besuch Jesu bei Maria und Martha in Bethanien (Lukas 10) zu Jesu Füßen, um ihm zuzuhören. Sie bleibt – in der Johannesgeschichte von der Auferweckung des Lazarus (Joh. 11) – bei den Trauergästen, als ihr Bruder gestorben ist. Dafür muß sie sich beide Male spitze Reden ihrer Schwester Martha gefallen lassen, daß sie lahm und passiv sei. »Der Lehrer ist da und ruft dich«, läßt sie Maria ausrichten, um sie ein bißchen in Trab zu bringen. Und bei Jesus beschwert sie sich, daß Maria sie allein arbeiten läßt. Zusammen mit seinen tüchtigen Zeitgenossinnen, den aktiven Klosterschwestern, hat auch Meister Eckart sie im Verdacht gehabt, daß »die liebe Marie« mehr aus Lust als zu geistiger Förderung da sitze. Von der redegewandten schnellen Martha sind uns eindrückliche Worte überliefert. Von Maria nur ein Satz, den bereits Martha schon gesagt hat: »Herr, wenn du bei uns gewesen wärst, hätte mein Bruder nicht sterben müssen.« Sonst nichts als Tränen, Niederfallen zu Jesu Füßen, Sitzen zu Jesu Füßen, Salben seiner Füße. Für viele heutige Frauen eher abstoßende als anziehende Verhaltensweisen.

Nun ist merkwürdig, wie diese Maria, – unselbständig, lieb, ohne Widerspruch, wenn die Schwester sie anfährt, diese Maria mit den Tränen in den Augen und immer bereit, sich klein zu machen, – die Sympathie der Theologen erregt. Sie ist eine »stille, innerliche Seele« (Peter Ketter), die so ganz nach dem Herzen predigender Theologen ist, ganz im Gegensatz zu der selbstbewußten und viel redenden Martha. So meint ein Ausleger (Hirsch), daß Johannes in der anbetenden und schweigenden Maria »die christliche Haltung Leid und Tod gegenüber« darstellen wollte. Der neutestamentliche Frauenforscher Leipoldt schwärmt von der stillen Maria, die zu Jesus erst kommt, als man sie ausdrücklich ruft, und die »tiefer empfindet« als die vorlaute Martha. Und der jüdische Schriftsteller Shalom Ben Chorim vollendet das seit Lukas und den Tagen der Kirchenväter bis in die Gegenwart reichende männliche Frauenideal, wenn er schreibt, »daß Jesus sich gerade der Kontemplativen zuneigt und daß hier wohl gerade das Neue in der Beziehung Jesu zu den Frauen seiner Umgebung liegt.« Maria – die vita contemplativa, das heimliche Frauenideal aller Zeiten. Heute das Ideal alternativer Lebensstile. Aber bei Licht besehen eher ein philosophisch-stoischer, denn ein christlicher Traum.

Sanft-sein, lieb-sein, sich versenken können ist nicht unbedingt Glaubensstärke. Das hat das Neue Testament, vor allem die Johannesgeschichte von der Auferweckung des Lazarus deutlich gezeigt. Nüchtern hat zumindest Rudolf Bultmann gesehen, daß Johannes in Maria die erste Stufe des Glaubens darstellen wollte: »Jene Gewißheit der Martha ist ihr nicht zu eigen.« Aber nun erzählt Johannes – fast um die vorhergehende Geschichte wiedergutzumachen – sofort danach eine dritte Maria-Marthageschichte, und dies ist eine eigene Mariageschichte: die Salbung Jesu durch Maria in Bethanien (Joh. 12). Diesmal steht Martha sichtlich im Hintergrund. Es findet ein Essen statt. Martha dient, und die Hauptakteurin ist jetzt Maria. Sie hilft mal wieder nicht, aber was sie tut, kommt ureigenst aus ihrer Persönlichkeit.

Sie nimmt eine Flasche teuersten Parfüms und gießt es dem seitlich auf den Polstern um den Tisch liegenden Jesus über die Füße. Reden liegt ihr nicht, aber das, was sie stumm und doch selbstsicher tut, hat spontane Wirkung: es beginnt im ganzen Haus zu duften. Der Geruch ihrer Tat drängt sich allen auf. Diesmal ist sie nicht angespornt durch Martha – was ja auch immer ohne Effekt war! Diesmal ist sie ganz sie selbst und wächst dabei über sich selbst hinaus. All das Elementare, womit sie ihre unbeholfene Liebe zu Jesus, ihre Achtung, Zuneigung, Zärtlichkeit, bisher auszudrücken pflegte: die Tränen, das Suchen nach Nähe und Anlehnung, das unbeholfene Schweigen – das alles entlädt sich nun mit dem Parfümöl, mit dem sie die staubigen und müden Füße ihres Freundes erfrischt. Und damit noch nicht genug: mit ihren Haaren wischt sie Staub und Öl von den Füßen und trocknet sie. Das war niedrigster Sklavendienst: der Herr am Tisch pflegte seine schmutzigen Hände am Haar des Sklaven abzuwischen.

Maria leistet diesen – vielen heutigen Frauen unbegreiflichen –

Sklavendienst. Was kein Mann getan hätte, was man sich auch von Martha kaum denken könnte, tut sie! Selbsterniedrigung? Selbstbeschmutzung? Aber was sie macht, tut sie selbst aus sich und ihrer Persönlichkeit heraus. Es ist *ihr* Einfall, *ihre* Art, Liebe zu zeigen. Es ist ihre »Revolution«.
Diesmal ist sie nicht von ihrer Schwester gegängelt. Vielleicht steht Martha stumm und erstarrt vor soviel Selbständigkeit. Maria hat das Getto ihrer Befangenheit durchbrochen. Sie tritt aus dem Schatten heraus, sie ist ganz sie selbst: die Ungeschickte, Liebende, Unselbständige, Zärtliche, Gehemmte und doch wieder Spontane.

Provokation

Wer zur Persönlichkeit wird, provoziert, bekommt Gegner. Dieser Gegner ist nicht ein Pharisäer, wie bei der Salbung der großen Sünderin (Lukas), oder die allgemeine Menge, wie bei der Salbung der Unbekannten (Markus). Es ist einer der einflußreichen Jünger: Judas, der die Finanzen der Gruppe verwaltet. Als Jesus die Schwestern besucht, hat Maria durch ihre bescheidene, aber nachdrückliche Haltung Martha provoziert. Jetzt legt sie sich mit dem mächtigen Judas an. Die verschwenderische und exzentrische Handlung einer sonst so unscheinbaren Frau erregt seinen sozialen Zorn: wieviel Arme hätte man davon ernähren und kleiden können! Aber wie damals, als Martha sie in die Küche treiben wollte, stellt sich Jesus schützend vor sie: »Laßt sie in Ruh!« Wie damals nimmt er sie, wie sie ist, und deutet ihre verschwenderische Exzentrizität als Liebe, die ihn in seinen Tod begleitet.
Johannes hat die in der Urgemeinde berühmte Salbung Jesu durch eine Frau der unscheinbaren und stillen Maria übertragen. Wie wir noch sehen werden, ist die Geschichte verschieden und von unterschiedlichen Frauen erzählt worden. Dies war nicht irgendeine Geschichte. Es war *die* Liebestat einer Frau, von der

man immer berichten würde, wenn man von Jesus erzählte. Und in dieser gewichtigen Rolle sieht Johannes Maria.

Dazu setzt er noch einen eigenen Akzent: nicht eine aufgestörte Gesellschaft und nicht ein Pharisäer wird provoziert, sondern der berüchtigte Judas. Neben Marias Großzügigkeit steht sein Geiz, neben ihrer Fülle seine Kleinlichkeit. Die von Männern geliebte kontemplative Frau zeigt höchst unbequeme, einer pragmatisch ausgerichteten Welt gar nicht angenehme Züge. Hier haben Lukas und Johannes an der Maria etwas Gleiches entdeckt: die auf Grund eingelernter sozialer Verhaltensweisen zurückhaltende Frau beginnt eine stumme, aber nachdrückliche Revolution. Der Unterschied zwischen beiden Erzählern liegt darin, daß Lukas dies auf Kosten der vitalen Martha tat und Johannes sie beide nebeneinander gelten läßt.

Die johanneische Maria-Geschichte ist die Geschichte einer Frau, die sie selbst wird. Noch in der Lazarusgeschichte bleibt sie in der Menge, löst sich nicht aus ihr und hört Jesu Stimme nicht, gehört also nicht zu den Seinen und ist noch nicht von ihm ergriffen und selbständig geworden (Joh. 10,3 f.)

Aber dann entdeckt sie, wie sie sich einbringen, *ihren* Glauben, *ihre* Liebe zeigen kann. Hat Martha die Auferstehungswirklichkeit gespürt, so erlebt Maria die Todesnähe Jesu, die Gefahr, die Angst, der sie selbst in vielen kleinen Ängstlichkeiten ausgeliefert ist. In Jesu Geschichte ist etwas von ihrer Geschichte. Das macht sie frei, handlungsfähig und unbekümmert. Noch ist sie nicht redegewandt. Noch wirkt sie lieb und anpassungsfähig. Aber sie ist sie selbst geworden, tut etwas, was noch keiner – auch die schnelle Martha nicht – getan hat. Sie provoziert damit Konflikte, sogar mit einem Mann, was man ihr nie zugemutet und zugetraut hätte. Sie steht nicht mehr im Schatten von Martha, aber auch nicht mehr unter ihrem Schutz. Sie lebt in einer nie gekannten Unabhängigkeit, die sie durch Jesus erfahren hat. Eine Frau wird frei von angeborenen und anerzogenen Verhaltensweisen. Sie lernt, sie selbst zu sein, oder wie Meister Eckart es ausdrückt: sie lernt leben.

Maria, der stille Männertraum, enthält Dynamit: das revolutionäre Potential Liebe, das wir immer wieder zur kleinen bescheidenen Frauenliebe reduzieren wollen, damit die kalkulierende Welt ungestört bleibt. Maria hat ein eigenes Gesicht. Das Gesicht vieler Frauen. Aber sie beginnt eine eigene Geschichte, die keine Parallele hat. Es sei denn in der Geschichte der Frauen, die entdecken, daß das Evangelium ihre Individualität nicht unterdrückt, sondern entfaltet und das Abenteuer, sie selbst zu sein, bedeutet.

Literaturhinweise

siehe Kap. 1: Martha

Die schöne, verführerische Magdalena ...

Maria Magdalena. Bild eines Caravaggio-Schülers, Barock.

3. Maria Magdalena

Die Bibel

Nachdem Jesus früh am ersten Wochentage auferstanden war, zeigte er sich zuerst Maria aus Magdala, die er von sieben bösen Geistern befreit hatte. Sie ging zu den trauernden und weinenden Jüngern und berichtete ihnen ihr Erlebnis. Die Jünger hörten zwar, daß Jesus lebe und Maria ihn gesehen habe, aber sie glaubten ihr nicht. (Mk. 16,9–11)

Maria stand noch vor dem Grabe und weinte. Dabei beugte sie sich vor und schaute hinein. Da sah sie zwei weißgekleidete Engel. Sie saßen an der Stelle, wo Jesus gelegen hatte, einer am Kopfende, einer am Fußende. »Warum weinst du, Frau?« fragten die Engel. Maria antwortete: »Sie haben meinen Herrn fortgetragen, und ich weiß nicht, wohin sie ihn gebracht haben!«
Als sie sich umdrehte, sah sie Jesus stehen. Aber sie wußte nicht, daß es Jesus war. Er fragte sie: »Frau, warum weinst Du? Wen suchst Du?« Sie dachte, er sei der Gärtner, und sagte zu ihm: »Wenn du ihn fortgebracht hast, so sage mir, wohin du ihn gebracht hast. Ich möchte hingehen und ihn holen.« »Maria!« sagte Jesus zu ihr. Sie wandte sich ihm zu und sagte: »Mein Lehrer!« Jesus sagte zu ihr: »Berühr' mich nicht! Ich bin noch nicht zu meinem Vater zurückgekehrt. Aber geh' zu meinen Brüdern und sage ihnen von mir: Ich gehe zu dem zurück, der mein und euer Vater ist, mein und euer Gott.« Maria von Magdala ging zu den Jüngern und sagte: »Ich habe den Herrn gesehen!« Und sie berichtete ihnen, was er ihr aufgetragen hatte (Joh. 20,11–18).

... und die »Sünderin«, die büßt

*Maria Magdalena als große Büßerin.
Donatello, Florenz, Bapisterium di S. Giovanni.*

Kommentare

Jesus,
ich stelle mir vor,
du hast Maria Magdalena,
die schön war und
nach Blüten duftete,
geliebt.
Als du sie umarmtest,
war ihre Hingabe
so groß
wie eine göttliche Liebe. (Ernst Eggimann)

Maria, die Hetäre, Maria Magdalena, also Mirjam vom Westufer des Kinnereth-Sees, der Jesus sieben böse Geister ausgetrieben haben soll, die man später gern mit den sieben Todsünden in Verbindung brachte, ist das Urbild der Sünderin, die Jesus in seinen Kreis aufnimmt (Shalom Ben Chorin).

Artikel: Gefährdetenfürsorge.
Der Begriff bedeutet ursprünglich umfassend die Fürsorge für solche, die aus sittlichen, gesundheitlichen oder wirtschaftlichen Gründen irgendwie gefährdet sind; seit Mitte der zwanziger Jahre des 20. Jahrhunderts in engerem Sinn die Arbeit, die sich der sexuell Gefährdeten annimmt, und zwar in erster Linie der weiblichen Gefährdeten, Frauen und Mädchen (früher »Magdalenenfürsorge«). Die Arbeit ist ureigenstes Gebiet der christlichen Liebestätigkeit. Schon im Mittelalter setzte die Fürsorge für die Gefährdeten ein im Orden der Reuerinnen der hlg. Maria Magdalena (Magdalenenklöster des 13. Jahrhunderts) ... Erst evangelischerseits wurde durch Fliedner und namentlich durch den holländischen Pfarrer Heldring die Grundlage für eine umfassende Gefährdetenfürsorge gelegt. Heldrings Grundsätze waren Freiheit im Kommen und Gehen; als Erziehungsmittel tägliche Hausandacht, eine den Verhältnissen, Fähigkeiten und dem späteren Fortkommen dienliche Arbeit wie Waschen, Nähen, Bügeln, Hil-

fe in Küche, Garten usw., dazu liebevolle seelsorgerliche Einwirkung. Nach seinem Vorbild sind in Deutschland eine große Zahl von Magdalenenasylen entstanden ... (Calwer Kirchenlexikon 1937)

Würde der Erlöser denn insgeheim – ohne es uns wissen zu lassen – mit einer Frau gesprochen haben? Sollten wir vielleicht umkehren und alle auf sie hören? Hat er sie uns vorgezogen? (Petrus über Maria Magdalena im apokryphen »Evangelium nach Maria Magdalena«)

Der Heilige Geist machte Magdalena zur Apostolin der Apostel. (Augustin)

Eine »große Sünderin«?

Wer die biblische Maria Magdalena liebt und sie mit der »christlichen« Maria Magdalena vergleicht, muß zornig werden. Und diesem Zorn muß hier zunächst Raum gegeben werden.
Maria Magdalena ist bis heute für die meisten Menschen die »große Sünderin«. Literatur und Kunst in der abendländischen Tradition, Geschichten und Bilder von der reuevollen und büßenden Frau, deren vergangene Schönheit noch sichtbar ist, haben unser Maria Magdalenenbild geprägt. Selbst protestantische Theologen, die sich nach reformatorischer Sitte nur vom Wort und der Bibel verstehen wollen, fallen immer noch diesem Irrtum anheim. Aber die große Sünderin, von der Lukas erzählt (Lk. 7), und Maria Magdalena, von der alle vier Evangelien berichten, haben nichts miteinander zu tun, so wenig wie Petrus mit Judas. Was man Maria Magdalena in der abendländischen Kirchengeschichte angetan hat, entspricht der fatalen christlichen Gleichsetzung von Judas und Juden. So wie hier ein einzelner mit seinem Geschick zum Prototyp eines ganzen Volkes wurde, an dem man Zorn und Haß ablud, so projizierte man in eine Jüngerin sexuelle Sünde und belud damit das weibliche Geschlecht. So wie hier aufgeklärt

und Unterbewußtes aufgedeckt werden mußte, so muß Maria Magdalena wieder vom Prototyp der Sünderin zum Menschen mit einer eigenen persönlichen Geschichte werden.
Wie entstand diese fatale Geschichte?
Nach den Erzählungen der Bibel war Maria Magdalena die Frau, die Jesus am nächsten gestanden hat. Jesu Mutter Maria hat keineswegs diese Rolle gespielt, die man später in ihr gesehen hat. Sie hielt ihren Sohn für einen »Spinner« (Mk. 3,21) und hätte ihn am liebsten unter ihr mütterliches Kuratel gestellt. Daß sie so wenig von der Jesusbewegung hielt, ist der frühen Kirche immer schmerzlich gewesen. Man hat es vertuscht, gemildert, und schließlich hat der Schreiber Johannes sie unters Kreuz gestellt. Vielleicht ist damit ihre späte Einsicht in den ungewöhnlichen Weg des Sohnes angedeutet. Auch Lukas weiß von der verspäteten Erkenntnis der Jesusfamilie und ihrer Rolle in der Urgemeinde (Apg. 1,14). Aber die Frau, die sensibel und verstehend Jesus zu Lebzeiten begleitet hat, ist Maria Magdalena gewesen.
Sie trug den Allerweltsnamen Maria, den so viele jüdische Frauen hatten, weil er modern war und eine Königin Maria, die erste Frau des Herodes, dafür Schule gemacht hatte. Dieser Modetrend führte zu der traurigen Entwicklung, daß Kirchenväter, Päpste, Bischöfe und in ihrem Gefolge Künstler und Literaten die Marias in einen Topf werfen konnten und je nach Bedarf ein passendes Teil wieder herausholen und präsentieren konnten. Die Würze dazu gab die Geschichte der großen Sünderin, die der Berufungsgeschichte Maria Magdalenas vorhergeht. Seitdem sind die Frauen aller Zeiten von der Kirche gezeichnet, geplagt und vereinnahmt, daß sie sündig wie Marias sind und fromm wie sie sein sollen.
Lösen wir die wie ein verheddertes Strickzeug ineinander verfilzten Traditionen auf: Lukas erzählt (Kap. 8) die Berufung und Heilung Maria Magdalenas. Die »bösen Geister« deuten auf eine Geisteskrankheit, vielleicht manische Depressionen oder Epilepsie hin. Im Kapitel davor berichtet er von der stadtbekannten Prostituierten, die in das Haus des Pharisäers eindringt, die Gastrunde stört und reizt, zu Jesu Füßen in Tränen ausbricht und seine

Füße salbt. Für die sittenstrenge, um ihre moralische Reinheit bemühte Kirche, die sich gegenüber heidnischer Sinnlichkeit und Sittenlosigkeit abgrenzen zu müssen meinte, lag nun nichts näher, als die »bösen Geister« mit der bösen sexuellen Sünde in eins zu setzen. So wurde aus der geheilten geisteskranken Frau die sexuelle Sünderin, an der es sich so plastisch darstellen ließ, wohin ungehemmte Sexualität führen kann: zu geistiger Verwirrung. Eine These, die in der Medizin noch bis in unsere Zeit viel Unheil angerichtet und keinerlei Berechtigung hat. Die beiden aufeinanderfolgenden Lukaskapitel vermischten sich also unheilvoll.

Zugleich vermischten sich die bei Markus (Kap. 14) und Johannes (Kap. 12) anders erzählten Salbungsgeschichten mit der Salbungsgeschichte des Lukas von der großen Sünderin. Markus nennt in seiner Erzählung keinen Namen: die Frau, die Jesus salbt, bleibt unbekannt. Johannes läßt Maria von Bethanien, die Schwester Marthas und Lazarus', Jesus salben. So hielt man den Namen der Salberin Maria fest, folgerte, daß sie die Salberin und große Sünderin Maria Magdalena gewesen sein müsse, schob ihr deren Geschichte unter und gab ihr nun den Beinamen Magdalena. Fertig war das schillernde, rührende und gefährliche Frauenbild: Maria Magdalena, Freundin Jesu, gewesene Prostituierte, Schwester der aktiven Martha von Bethanien.

Ein phantasie-anreizendes Bild war in einer patriarchalischen Kirche zusammengewachsen und ging auf Kosten der Frau. Wo blieb der große Sünder? Gab es ihn nicht, wie es bis in dies Jahrhundert für die Diakonie eine doppelte Moral gab, die die Bestrafung der Strichmädchen guthieß, aber den Mann mit einem anderen Maß beurteilte? Biblische Männer haben eine Vergangenheit, wie Fischer und Zöllner. *Die* biblische Frauengestalt hat die Vergangenheit einer »Sünderin«.

Wie unten noch zu zeigen ist, war das Magdalenenbild von Männern erfunden, und an ihm entzündeten sich Männerphantasien. Es bietet prickelnde Schauermär von verwüstetem Leben, wie es in der Statue der zum Skelett abgemagerten und verhärmten Büßerin des Donatello zum Ausdruck gebracht ist. Zugleich ist es Traum von Liebe: Sex, Eros und Agape. Auf Maria Magdalena sind sexuelle Schuldkomplexe projiziert, und an ihrem Beispiel sind Sittenforderungen erhoben worden. Sie war in der Mystik Braut Christi und in der Sittengeschichte gefallenes Mädchen, und bis in die theologische Literatur der Gegenwart ist dies tradierte Bild fraglos übernommen. Es wird geliebt, gepflegt und in der überwiegend männlichen Produktion theologischer Literatur weiter vermittelt.

Maria Magdalena hat sich jetzt von der Dirne früherer Zeiten zur Hetäre (Shalom Ben Chorin) gemausert. Sie ist nicht mehr die Ehebrecherin prüder viktorianischer Zeiten. Eher wird sie im gehobenen »Milieu des Attis-Kultes« gesehen, »in diesem Dunstkreis von Rausch, Prostitution und Gesetzlosigkeit« (Strunk). Die moralischen Forderungen sind liberalisiert. Aber die Projektion eigener Unzulänglichkeit und Gefährdung in ein schwächeres, stummeres, ohnmächtigeres Gegenbild bleibt das Gleiche.

Frauen in der Kirche haben sich mit dieser ihnen überlieferten, gepredigten, gemalten Maria Magdalena identifizieren müssen. Sie haben sich unterworfen, wie sie sich dem männlichen Sündenbild von Stolz, Sinnlichkeit und Sexualität unterwerfen mußten und es internalisiert haben. Wie sähe unsere Tradition aus, wenn sie aus Petrus einen bekehrten Zuhälter gemacht hätten?

Seit Frauen anfangen, nach sich selbst und ihrer Rolle in der Kirche zu fragen, werden ihnen aufgezwungene Bilder und Vorstellungen immer fragwürdiger. Wer ist die Maria Magdalena nach den Erzählungen der Bibel gewesen? Welche Phantasie löst ihre Geschichte bei Frauen heute aus? Wo ist sie, unsere prostituierte und diskriminierte Schwester?

Die biblische Maria Magdalena

Maria Magdalena heißt eigentlich nur Maria und hat ihren Beinamen von ihrem Heimatort Magdala, einer geschäftigen Stadt am See Genezareth. Dort blühte der Handel. Eine große Fischerei und Fischverarbeitung beschäftigte die Einwohner und brachte Wohlstand und Abwechslung. Aber für den, der ein Leben unter schwarzen Schleiern lebt, wer unter Bewußtseinsstörungen, Anfällen und Depressionen leidet, ist solch Ort quälender Kontrast zur eigenen Wirklichkeit.

Maria Magdalena litt an einer schweren Geisteskrankheit und gehörte zu den Frauen, die durch eine Heilung in die Nachfolge Jesu gerieten.

Stellen wir uns die Heilung selbst vor, so mag sie entsprechend andern Heilungen verlaufen sein: Jesus hat sie angefaßt, vielleicht umgefaßt, aufgerichtet wie die fiebernde Petrus-Schwiegermutter, wie den von Dämonen Besessenen. Er hat zu ihr gesprochen, und sie hat Nähe, Berührung handgreiflich gespürt. Unter seinem Zuspruch ist der Bann von ihr gefallen. Sie wurde wieder sie selbst, frei zu Gefühlen, Entscheidungen, frei, die Umwelt wieder zu erleben, frei, sich zu freuen und neu leben zu lernen. Aber sie kehrt nicht in die alten Verhältnisse zurück. Sie verläßt ihre reiche Heimatstadt Magdala, deren Name ihr aber immer anhängen wird.

Die Heilung von der Krankheit ist für sie Heil geworden. Sie fühlt das Heil, sie fühlt sich wohl. Beides ist ineinander verschlungen. Und dies Wohlbefinden läßt sie die Jesusgruppe spüren: sie teilt ihren Wohlstand ihr mit.

Anders die Männer, die aus einem Beruf gerissen werden und dann die Wanderexistenz beginnen. Wir hören von keiner Jüngerheilung, die eine Berufung wird. Lukas berichtet auch von anderen geheilten Frauen, die Jesus nachfolgen, und Markus beschreibt die Heilung von Petrus' Schwiegermutter, die als Folge Jesus »dient«, d. h. seinen Lebensstil annimmt. Frauen sind in ihrer ganzen Existenz von der Nachfolge betroffen. Sie geben sich ganz hin, sie liefern sich ganz dem Neuen aus.

Von Maria Magdalena wird ebenfalls dies »Dienen« berichtet. Wie Jesus ihr gedient hat, so dient sie jetzt ihm. Wie wenig das Dienen der ersten Frauengruppe mit dem modernen geschlechtsspezifischen weiblichen Dienen zu tun hatte, werden wir noch sehen. Wie eng es mit gegenseitigen und austauschbaren körperlichen Kontakten, menschlicher Nähe, leiblicher Wärme und heilender Gegenwart zu tun hat, müssen wir uns vergegenwärtigen, um Maria Magdalena zu verstehen. Intensiver als die große Unbekannte des Markus (siehe unten) oder die salbende Maria von Bethanien lebt sie aus der leiblichen Nähe der Jesusgemeinschaft.

Unverheiratet, jung und schön erscheint sie meist in Männerphantasien. Aber vielleicht alterte sie schon, hatte eine Ehe hinter sich, aus der das Vermögen, mit dem sie der Jesusbewegung aushalf, stammte, und trug Spuren der überstandenen Krankheit. Wir wissen es nicht. Auf jeden Fall muß sie Charme, Wärme und Menschenverständnis besessen haben, wie alt und jung auch immer ihre Attraktivität gewesen ist. Denn wie hätte sie sonst eine Gruppe von eigenwilligen, aus ihren Familien herausgelösten Frauen verschiedener Altersstufen vereinen können! Alle vier Evangelien nennen ihren Namen stets zuerst, wenn sie von der Frauengruppe sprechen. So können wir annehmen, daß sie eine führende Rolle gespielt und integrierend gewirkt hat. Wieviel Konflikte es zwischen den Frauen, die Familienbindungen aufgegeben hatten, zwischen der Männer- und der Frauengruppe und nicht zuletzt mit der Umwelt, die solche Frauen als provozierend empfand, gegeben haben muß, läßt sich leicht vorstellen.

Maria Magdalena hat Führungseigenschaften und nach Lukas (8,3) Reichtum mitgebracht. Wie durch Johanna, kommt durch sie etwas Städtisches in die mittelständische Jesusbewegung. Die jüdischen Frauen – zum ersten Mal ohne den Schutz der Großfamilie – ordnen sich ihr unter. Sie ist gewandt und wirkt überzeugend. Sie kann reden, und es fällt ihr nicht schwer, Autorität zu sein. Aus den späteren Evangelien spürt man diese gewachsene Souveränität, die die Jünger, vor allem Petrus, immer gefuchst hat.

Zwischen der Heilung und der Kreuzigung Jesu erfahren wir nichts mehr von ihr. Vielleicht erstarkt ihr geschwächter Körper bei den Wanderungen. Sicher lebt sie aus ihrer Begeisterung und aus der festen Überzeugung, daß die Heilszeit begonnen hat, und alle Enttäuschungen, die die Jünger anfangen zu plagen, gleiten an ihr ab. Die Evangelien, die doch sonst unterschiedliche Lieblingsheldinnen haben, berichten übereinstimmend, daß sie mit den Frauen unterm Kreuz gestanden hat, beim Begräbnis anwesend war und am Ostermorgen als erste zum Grabe kam.

Und damit beginnt ihre besondere Jesusbeziehung. Innerhalb der privilegierten Frauengruppe hat sie noch einmal eine privilegierte Stellung: der auferstandene Jesus erscheint ihr und gibt ihr den Auftrag, dies der Jüngergruppe zu berichten. Matthäus gesellt zwar dieser Begegnung noch »die andere Maria« dazu. Aber der Verfasser des letzten Markuskapitels und Johannes berichten von einer einzelnen aufsehenerregenden Jesus-Maria-Magdalena-Begegnung, die für alle Zeiten ihre Sonderrolle einleitet.

Solange Maria Magdalena und die Frauen noch die leibliche Nähe Jesu spüren, sind sie unerschütterlich in ihrer Treue und Durchhaltekraft. Der sterbende, der tote Leib, der zu begrabende und zu salbende Leib verbindet sie mit ihm. Das kalte Entsetzen beginnt erst, als sie am Ostermorgen zum Grab kommen und Jesu Leib nicht mehr finden.

Nur von dieser besonderen, menschlichen, persönlichen Beziehung zu Jesu läßt sich m. E. die Begegnung Maria Magdalenas mit dem Auferstandenen verstehen. Johannes mit seiner Vorliebe für breite Jesus-Frauendialoge schildert die immer wieder gemalte Szene am Grabe: Maria Magdalena, ganz allein, in Tränen aufgelöst, hört eine Stimme, die fragt, warum sie weint. Im Glauben, es sei der Gärtner, klagt sie ihm, daß der Leib ihres Herrn fortgenommen sei. Erst als Jesus sie bei ihrem Namen »Maria« nennt, erkennt sie ihn und schreit auf: »Mein Lehrer«.

Bis dahin ist alles verständlich, einsichtig, klar. Aber dann kommt der Satz, der fremd, kalt, abweisend ist, und alle wiederkehrenden Glücksgefühle zerstört: »Berühre mich nicht! Ich bin noch nicht zu meinem Vater zurückgekehrt.« Theologen haben sich jahrhundertelang darum bemüht, haben ihn abgeschwächt, positiv verstanden, haben ihn in logischem Widerspruch zu andern Begegnungen des Auferstandenen gesehen, wo Thomas aufgefordert wird, seine Hand in Jesu Seitenwunde zu legen, oder die Frauen seine Füße fassen. Man hat sogar im prüden 19. Jahrhundert auf die sexuelle Gefährlichkeit solcher Berührung verwiesen.

Wir können den Schock, den dieses Wort nach sich zieht, nicht wegstreichen. Es ist nicht mehr der zärtlich nahe Jesus. Seinen Leib kann man nicht mehr berühren, salben. Er läßt sich nicht mehr zurückholen und festhalten. Maria Magdalena darf ihn nicht mehr spontan umarmen.

Die Kontinuität, die Frauen wollen, ist gebrochen. Die Naivität des kindlichen Glaubens und Vertrauens ist gestorben. Nicht der alte Adam, von dem männliche Dogmatik immer – so wenig überzeugend für Frauen – spricht. Eher ein Stück Unmittelbarkeit, Ganzheit, Direktheit, Spontaneität, ein Stück kindlichen Festhaltens und Beharrens. Ein Stück Vertrauens in diese Erde, an Unsterblichkeit und ewige Dauer.

Maria Magdalena hat das Heil wie kaum ein anderer leiblich erfahren. Sie hat Jesus persönlich geliebt. Ohne ihn schien ihr Leben nicht lebbar. Sie hat Zähigkeit und Stehvermögen bewiesen. Sie hat nie an ihm gezweifelt. Aber nun beginnt sie sich an ihn zu klammern. Nicht der tote Messias, erst der verloren gegangene Leib Jesu läßt sie verzweifeln. Hier erlebt sie den Tod, den Bruch ihrer Existenz.

»Berühr' mich nicht!« möchte ich so übersetzen: »Werde reif, werde erwachsen! Nimm den Trennungsschmerz an!«

»Was sucht ihr den Lebendigen bei den Toten?« fragt der Engel im Lukasevangelium die Frauen. Es ist die gleiche Botschaft, und sie heißt: »Wo ihr Dauer sucht, ist der Tod. Wo ihr euch verändert, ist Leben.« Die weibliche »Sünde« ist nicht der Stolz, sondern das Verharren.

Der spontane Kinderglaube, so fest und ausdauernd er auch schien, muß sich verwandeln und dem Trennungsschmerz standhalten. Nur so kann einer erwachsen werden und reifen.

Die Stimme ist noch nah und vertraut, und Jesus ist in dieser Stimme noch derselbe. Und mit dieser Stimme gibt er ihr einen Auftrag, der die Distanz nicht aufhebt, aber begreifbar macht: sein Gott ist auch ihrer aller Gott. Sein Vater ist auch ihrer aller Vater.

Die scheinbar unerträgliche Veränderung wird tragbar. Maria Magdalena muß gehen und von der neuen Distanz und Nähe sagen. Der Schmerz und der Schreck begleiten sie. Es ist nichts mehr, wie es früher war. Aber auf sie wartet ein Auftrag und eine neue Gemeinschaft.

Gotteserfahrungen der Frauen sind bisher wenig reflektiert. Am Anfang der Erfahrung der Jünger steht der Verrat, und männliche Theologie baut immer auf der Dialektik von Verrat und Umkehr auf. Am Anfang der Erfahrung der Maria Magdalena steht die leibliche Heilung. Ihr ist Ganzheit widerfahren. Sie ist mit Leib, Seele und Geist hineingenommen in die Jesusgemeinschaft. Darum läuft sie nicht fort, darum bleibt sie. Darum verzweifelt sie, als diese Nähe nicht mehr spürbar ist. In der Begegnung mit dem Auferstandenen erfährt sie den Schmerz, daß das Alte vergeht, daß nichts wiederholbar ist und nur so das Neue sich ereignen kann. Zwischen Festhalten und Loslassen, zwischen Beharren und Öffnen liegt der Konflikt der Frau, die weibliche Dialektik, die nicht angeboren, eher anerzogen ist und die soziale Erfahrungen widerspiegelt.

Maria Magdalena gilt als der erste Apostel. Als erste hat sie das Evangelium vom auferstandenen Jesus verkündet. Bis ins Mittelalter hat man dies immer noch bewahrt. Vergessen wurde allerdings *ihre* Botschaft. Neben die patriarchalische Erfahrung und Theologie tritt heute die weibliche Erfahrung und Theologie. Was hat sie uns zu sagen, die geheilte Frau, die Freundschaft und Hingabe, Eros und Agape vereint? Die an dieser Erde und ihren Beziehungen bis zum letzten festhält und alle Hoffnungen ausschöpft. Die darin Auferstehung erfährt, daß sie nicht in diesem Kreis verharren muß, sondern sich öffnen lernt für eine neue Gemeinschaft. Die Theologie Maria Magdalenas ist noch nicht geschrieben. Vielleicht gelingt es heutigen Frauen.

Die biblischen Frauen ...

Maria Magdalena verkündet den Jüngern die Auferstehung.
Albanipsalter, 12. Jahrhundert, Hildesheim.

... schwiegen nicht in der Gemeinde

Maria Magdalena predigt in Aix.
Schweizer Schule, Anfang 16. Jahrhundert.

Blick in die Geschichte: Biblische Elemente in der Maria-Magdalena-Tradition

Wie ging die Kirche mit der ärgerlichen Tatsache um, daß eine ehemals geisteskranke Frau von Jesus besonders geliebt und zur ersten Verkündigerin der Auferstehung wurde? Wie lebte sie als patriarchalische Institution damit, daß eine Frau die Anstöße zu ihrer Existenz gegeben hatte? Die Antwort darauf ist die Magdalenenkultur, die sich von den ersten frühkirchlichen Magdalenengeschichten über die mittelalterlichen Magdalenenlegenden zur blühenden Magdalenenkunst des Mittelalters entwickelte und bis in die Literatur der Neuzeit entfaltete. Hier wurde Maria Magdalenas Geschick ausgemalt, weitergeträumt, dogmatisiert und moralisiert. Teilbereiche der Magdalenenkultur sind schon immer wieder untersucht und dargestellt worden. Hier ist nicht der Ort, den verschiedenen Traditionen auch nur annähernd gerecht zu werden oder einen Überblick davon zu geben. Es soll lediglich versucht werden, aus der heutigen neutestamentlichen Perspektive, aus dem Blickwinkel einer neu entdeckten Frauengestalt verschiedene Traditionen zu beleuchten und zu fragen: welche Elemente sind erhalten geblieben, und haben Stücke dieser Maria Magdalena überlebt?

Drei Elemente ihrer biblischen Geschichte sind immer wieder reflektiert: ihr Predigtauftrag, ihre Heilung und Berufung, ihr außergewöhnliches Verhältnis zu Jesus.

Die predigende Maria Magdalena

Für die heutige katholische Debatte um die Ordination von Frauen hat neutestamentliche katholische Frauenforschung – vor allem aus den USA – bewiesen, daß es in der frühen Kirche das apostolische Frauenamt gegeben hat. Eine ihrer bekanntesten Vertreterinnen war Maria Magdalena, die nach vielen, auch späteren Zeugnissen eine führende Position in der frühen Kirche hatte. Aber wie heute der Vatikan gereizt und abwehrend darauf

reagiert, so war schon der Vorgänger der Päpste, Petrus, verunsichert und verärgert, daß eine Frau eine scheinbar männliche Rolle sich anmaßte.
Bereits das Neue Testament enthält den latenten Konflikt: die Frauen berichten von der Auferstehung, aber die Jünger halten das für leeres Geschwätz und Märchen. Sie müssen noch ihre eigenen Begegnungen mit dem Auferstandenen haben. Bei Johannes berichtet Maria Magdalena nur von dem gestohlenen Leichnam Jesu. Die – um ihre apostolische Konkurrenz laufenden – Jünger Petrus und der, den Jesus lieb hatte, müssen ebenfalls erst eigene Erfahrungen machen. Hier sind auch noch zwischen den Männern Rangkompetenzen sichtbar: Petrus läuft schneller, aber der andere glaubt eher. Paulus kennt überhaupt keine Erscheinung des Auferstandenen vor Frauen. Aber Andeutungen im Johannesevangelium, das Jesus Maria Magdalena beim »Namen« nennt, sie also zu den »Seinen« zu rechnen ist und zu den Schafen gehört, die seine Stimme hören (Joh. 10,3– 5; 13,1; 20,16), lassen sogar auf ihre Teilnahme am letzten Mahl schließen. Sie ist also bei Johannes in versteckter Form Traditionsträger, während die drei ersten Evangelien dabei nur die zwölf Jünger nennen.
Offener ist ihre bevorzugte Stellung und der Mann-Frau-Konflikt in den später verfaßten Evangelien, die nicht mehr ins Neue Testament aufgenommen wurden. Vor allem Petrus erscheint als ärgerlicher, weinerlicher, eifersüchtiger Konkurrent, der bei Jesus sich abreagieren muß. »Mein Herr«, sagt er in der »Pistis Sophia«, »wir können diese Frau nicht länger ertragen. Sie nimmt uns jede Gelegenheit, etwas zu sagen. Immer wieder ergreift sie das Wort.«
»Würde der Erlöser denn insgeheim – ohne es uns wissen zu lassen – mit einer Frau gesprochen haben? Sollten wir vielleicht umkehren und alle auf sie hören?« klagt er im »Evangelium nach Maria Magdalena«. Als Maria Magdalena darauf in Tränen ausbricht und beteuert, daß sie die persönliche Begegnung mit Jesus sich nicht selbst ausgedacht habe, beschwichtigt ein anderer Jünger den Streit: Petrus solle die Frau nicht wie einen Gegner behandeln. Zweifellos kenne Jesus sie durch und durch und habe sie

nicht nur allen Frauen, sondern auch allen seinen Freunden vorgezogen.

Nach den Erfahrungen der frühen Kirche ist sie Männern überlegen. Die hilflosen Jünger, die nicht wissen, wie sie den Predigtauftrag umsetzen sollen, ermuntert sie, wie der Engel in der Apostelgeschichte die Jünger ermuntert. Solche Szenen sind auch in der Malerei bis zum 11. und 12. Jahrhundert zu finden: ein Häufchen ratloser, unwissender Jünger, einmal mit einem Spruchband versehen: »Sag uns, Maria, was hast du auf dem Weg gesehen?« Ihnen gegenüber eine deutlich abgehobene Maria Magdalena, die ihnen verkündigt: »Ich habe den Herrn gesehen«. Später erstarkte das männliche Predigtmonopol, und die Szene verschwand immer mehr aus der Kunst.

Neben ihrer Autorität und geistlichen Souveränität fällt vor allem die visionäre Art ihrer Erfahrung und Mitteilung auf. Nun sind Visionen in der Antike keine geschlechtsspezifische weibliche Fähigkeit, aber in Gruppen oder Institutionen, wo patriarchalische rationale Formen sich durchgesetzt haben, wird visionäre und auch mystische Ausdruckskraft schnell abgestempelt und ins Absonderliche gestuft. Im so vernünftigen und auch so männlichen 19. Jahrhundert haben Kritiker wie David Friedrich Strauss das auf die »Visionen eines halbrasenden Weibes« sich gründende Christentum verspottet. Der Aufklärer Ernest Renan, Verfasser eines Lebens Jesu, vermerkt milde, aber abwertend die Rolle der »Hellseherin« Maria Magdalena. Die Öffentlichkeit vom ersten bis zum 19. Jahrhundert reagierte mit Arroganz auf die öffentliche Wirksamkeit einer Frau. Was sie und in welcher Form sie ihre Botschaft in die Welt einbrachte, wurde als »irrational« lächerlich gemacht. Schon in einer späteren gnostischen Schrift muß Maria Magdalena auch erst ein Mann werden, um erlöst zu werden. Die Kirche hatte schnell die Chance verpaßt, eine Gemeinschaft aus Frauen und Männern zu werden.

Im Mittelalter wird noch ab und zu die selbstverständlich werdende männliche Tradition durchbrochen. Die Dokumente der offiziellen mittelalterlichen Kirchengeschichte berichten zwar kaum etwas davon, aber an der noch vielfach unbeachteten Frömmigkeitsgeschichte läßt sich auch eine positive Bewertung der Frau ablesen. Ähnlich wie wir in der Marthatradition beobachtet haben, wachsen in Südfrankreich im 11. und 12. Jahrhundert Legenden um Maria Magdalena, aus denen sich ihre Gestalt als Missionsheilige Frankreichs immer deutlicher abzeichnet. Nach den frühesten Legenden kommt sie – aus Palästina vertrieben – mit ihrem geistlichen Oberhaupt Maximin in die Provence. Noch steht sie im Anfang ausschließlich in der Tradition der großen Sünderin und wird für die cluniazensische Reformbewegung zum Symbol des Sieges des geistlichen über das weltliche Leben. Noch ist Maximin der eigentliche geistliche Oberhirte, der tauft und predigt. Aber dann fällt auf: Maria Magdalena emanzipiert sich von ihrem geistlichen Anstandsherrn und beginnt in der zweiten Serie der Legenden zu predigen, zu bekehren, ja selbst – in einer Version – zu taufen. Neben Maximin sind noch ihre zwei angeblichen Geschwister Lazarus und Martha getreten und ein Bischof Cedonius. Aber die geistlichen Herren treten nachher auffallend zurück, ordnen sich den viel interessanteren Frauengestalten unter oder werden sogar lächerlich gemacht, wie der selig schlummernde Lazarus in Marthas Schoß auf dem Tiefenbronner Magdalenenaltar. Die Frauen dominieren und beherrschen die Geschichte. Schon bei Martha sahen wir, wie in der Drachenerzählung ein selbständiges weibliches Gegenbild gegen das männliche Georg-Drachenbild entsteht. Maria Magdalena – vorbelastet mit zuviel »weiblich« sinnlichen Traditionen – hat es im Vergleich damit schwerer, zur Selbständigkeit zu gelangen. Aber sie erhält eine sehr aktive Missionsrolle, bekehrt das Fürstenpaar in Marseille, deren heidnische Untertanen und wird die geistliche Hauptfigur des südfranzösischen Legendenkreises. Ihre eigentliche Apostelfunktion, die Verkündigung an die Jünger, lebt in der Legende wieder auf.

An Glasfenstern französischer Kathedralen des 13. Jahrhunderts läßt sich die Wiederentdeckung der predigenden Maria Magdalena aufzeigen. In Zyklen ist hier die legendäre Heiligengeschichte dargestellt, aus denen trotz mittelalterlicher Überfremdung immer wieder Züge der neutestamentlichen Gestalt auftauchen. In der Kathedrale von Chartres 1230 ist Maria Magdalena nur eine Heilige mit Heiligenschein, – Martha gebührt noch keiner –, aber die Predigten hält der geistliche Herr Maximinus. In Bourges – 15 Jahre später gebaut – hat nun auch Martha den Heiligenschein. Die Frauen haben an Gewicht gewonnen. In Auxerres – wieder 15 Jahre später – hat nun Maria Magdalena noch einmal aufgeholt. Sie predigt, und Maximinus steht dabei. Ihr geistlicher Begleiter ist deutlich in den Schatten gerückt. Aber die Hierarchie ist trotzdem gewahrt: Maximinus tauft. Am Ende des 13. Jahrhunderts sind dann beide Frauen, Maria Magdalena und Martha, als Predigerinnen in Glasfenstern der Kathedrale des burgundischen Sémur dargestellt. Erst im 16. Jahrhundert entsteht in Châlons-sur-Marne ein Bild, auf dem auch Maria Magdalena tauft. Die Frau hatte ihre verlorene Rolle zurückerhalten.

Auch in Florenz, Lübeck, Donaueschingen und anderen Orten begegnen aus der folgenden Zeit Bilder einer predigenden Maria Magdalena. In Lübeck ist sie sogar noch in einer anderen Amtsfunktion zu sehen: sie setzt ihren Bruder Lazarus als Bischof von Marseille ein. Als Taube schwebt in einer Handschriftenillustration der Heilige Geist über ihr. Für kurze Zeit war Maria Magdalena aus ihrer Sünderin-Rolle wieder zu ihrem Verkündigungsauftrag zurückgekehrt. Mit der Reformationszeit endete diese kurze, aber eindrucksvolle Emanzipation.

Was war geschehen? Wie konnte das Tabu, daß eine Frau in der Gemeinde schweigt, so nachhaltig in der Kunst durchbrochen werden?

Wir sahen bereits bei Martha, wie die Marthalegenden und die daraus entstehenden Marthabilder der südfranzösischen Frauenbewegung entsprachen, die im 12. Jahrhundert aufbrach. Wirtschaftliche Veränderungen, z. B. das Aufkommen der Industrie- und Geldwirtschaft, Veränderungen im Erbrecht des kleinen Landadels, der zugunsten des sich aufsplitternden Besitzes die Töchter aus der Erbfolge ausschloß, ein vielleicht durch die Kreuzzüge bedingter Frauenüberschuß – all das waren Ursachen, daß Frauen nach neuen Lebensmöglichkeiten und anderen Lebensidealen, als die Familie sie bot, suchten. Gegenüber der hierarchischen Kirche entstanden neue geistliche und soziale Lebensformen. Von vielen Gruppen wurde gemeinsamer Besitz und geistliche Fähigkeiten für jeden einzelnen gefordert und steigerten sich zu Protesten gegen die verfaßten Kirchen. In Gruppen wie den Katharern und Waldensern fanden vor allem auch Frauen neue Gemeinschaften. Hier begegnet die Frau, die predigt, die theologisch öffentlich diskutiert und die der missionierenden Maria Magdalena entspricht.

Stammt die Maria-Magdalena-Legende und die ihr entsprechende Kunst aus solchen Kreisen? Wurde sie in ihnen besonders gepflegt? Wir finden jedenfalls hier – wie in manchen auch frühchristlichen gnostischen Gruppen – eine Geringschätzung Marias, der Mutter Jesu. Unkonventionelle Heilige traten an ihre Stelle. In der Inquisition, der viele Sektenmitglieder und gerade auch Frauen zum Opfer fielen, wird z. B. auf die Durchhaltekraft Maria Magdalenas verwiesen. Aber daß speziell in den Sekten Maria Magdalenenkulte gepflegt wurden, läßt sich nicht beweisen. Auffallend ist jedoch der zeitliche Zusammenhang vom Magdalenenkult und der katharischen und waldensischen Frauenbewegung und das gleiche veränderte und die kirchliche Tradition torpedierende Frauenbild von der mündigen, predigenden Frau. Wie Martha war auch Maria Magdalena in die Herzen und Köpfe neuer charismatischer Aufbrüche geraten. Ihre jahrhundertelang vergessene charismatische Persönlichkeit war aus dem Dornröschenschlaf erwacht.

Allerdings begann schon sehr bald im 13. Jahrhundert eine rückläufige hierarchische Entwicklung der einst so frauenfreundlichen Sekten. Zudem setzte die blutige Verfolgung der Katharer der ganzen Bewegung ein vorläufiges Ende. Aber in den mittelalterlichen Frauenbewegungen der nachfolgenden Zeit war etwas von dem Aufbruch des 12. Jahrhunderts lebendig geblieben. In den Frauenklöstern der traditionellen Orden, die überall seit dem 13. Jahrhundert aus dem Boden schossen, blieb eine eigene spiritualistische Frauenkultur erhalten, und in der Kunst der nachfolgenden Zeit taucht noch ab und zu die selbständige geistliche Frauengestalt Maria Magdalena auf. Ihre Rechte sind in Wirklichkeit nun beschnitten: ein männlicher Geistlicher steht wieder dem Frauenkonvent vor. Die öffentliche Frauenpredigt ging bis zum 20. Jahrhundert nochmal in den Untergrund.

Heilung und Berufung einer Geisteskranken

Den zweiten Konflikt, die dämonische Krankheit einer Frau, die in nächster Beziehung zu Jesus stand, hat die Kirche noch weniger verkraftet. Dämonie bei einer Frau? Was lag da näher als an ungezügelte Lust, Triebhaftigkeit, ausschweifende Sexualität zu denken? Selbst ein protestantischer Fraueninterpret, Ernst Modersohn, der sie nicht mit der »Sünderin« in eins setzte, hob am Beispiel der Krankengeschichte Maria Magdalenas warnend den Finger vor schuldhaften und triebhaften Leidenschaften. Maria Magdalena ist zum Monster und zum Musterbeispiel von Sünde und Sexualität geworden, weil ihre schillernde, bevorzugte und einmalige Geschichte für entsprechende Phantasien sich anbot.

Die frühe Kirche blieb in Sexualfragen tief verunsichert durch die Praxis Jesu. Die Ehebrecherin, die Jesus nicht verurteilt, die Samaritanerin, die er trotz mangelnden ehrenhaften Lebenswandels zum ersten Apostel der Samaritaner macht, die Sünderin, die er freispricht und deren Liebestat er annimmt – dies waren für die solide Entwicklung christlicher Moral schwer zu verkraftende Tatsachen. Augustin hat darüber geseufzt und bedauert, daß die Ehebrecheringeschichte noch ins Johannesevangelium hineinkam. Die frühere Auslassung hat er mit der »Rücksichtnahme auf ängstliche Ehemänner« erklärt.

Anders als bei Jesus kommen schon bei Paulus handfestere Gegensätze von »fleischlich« und »geistlich« auf. Sünde und Sexualität gerieten in fatale Nähe zueinander, auch wenn er sie nicht gleichsetzt. Hurerei und Abgötterei werden in einem Atemzug in den Lasterkatalogen genannt.

Hier setzt man später an: man sah die dämonische Krankheit aus sexueller Besessenheit entstanden, verschmolz die Apostolin mit der Sünderin und der salbenden Maria von Bethanien, – und die größte und für die Frauenfrage folgenreichste patriarchalische Geschichtsfälschung des Abendlandes war gemacht. Den altchristlichen Kirchenvätern, z. B. Irenäus, Origenes, Chrysostemos war die Gleichsetzung der drei biblischen Frauen noch unbekannt. Ist Augustin schon daran beteiligt? Nach Karl Künstle geht die »Konfundierung der drei Frauen« auf ihn zurück, »der sie wohl aus psychologischen Gründen gerne vollzog, indem es für ihn ein Trost sein mußte, daß der Herr so oft bei Maria von Bethanien einkehrte, obwohl sie einst wie er selbst in den Banden der Sinnlichkeit lag«. Verantwortlich scheinen jedenfalls der Bischof Ambrosius und andere Zeitgenossen und der moralische Trend der Kirche zu sein, ein neues Symbol für das Verhältnis von Leib und Geist zu bekommen. Mit den Magdalenenhomilien des Papstes Gregor des Großen um 600 ist dann diese Entwicklung abgeschlossen. Nun ist die Idealgestalt geschaffen, die »die Reue der Sünderin, den Eifer der Maria von Bethanien und die Liebe der Maria von Magdala harmonisch in sich vereint« (Hans Hansel). Gestützt auf das Ansehen des Papstes wird nun ein Frauenbild gefördert, das in »lebendigster Veranschaulichung die Hilfe göttlicher Gnade offenbart und hinführt zu hoffnungsfroher Buße« (Hans Hansel). Die magna peccatrix Maria Magdalena ist geboren, die für alle Sünden der Welt dasteht und die um ihren Kopf ein Stirnband trägt: »Verzweifelt nicht, die ihr gesündigt habt! Durch mein Beispiel erneuert euch Gott.«

Wir empfinden dies heute als Vergewaltigung einer integren Frauengestalt. Ihr künstlich geschaffenes Bild sollte moralische Bedürfnisse abdecken, aber ihre Geschichte konnte nie wieder unverfälscht gelesen werden. Warum wurde nicht Petrus mit seinem Verrat zum Exempel von Sünde und Vergebung? Warum nicht der Zollbeamte Zachäus mit seinen unlauteren Machenschaften? Warum waren die Preisgabe des Freundes und die sozialen Ausbeutungen nicht ein besseres Sinnbild des zerstörten Menschen?

Die abendländische Theologie verlegte die Sünde einseitig und eindeutig in die Leiblichkeit des Menschen und speziell die der Frau. Deren Minderwertigkeit und deren bis heute – gegenüber

anderen Kulturen – auffallende Geringschätzung ihres Selbsts waren die Folge. Die griechischen Theologen haben die Unterscheidung der drei Frauen stets aufrechterhalten und erhielten damit vielseitigere, buntere Frauenbilder. Die »edle Maria von Bethanien« mit einer Dirne gleichzusetzen, widersprach ihrem Geschmack und der Ehrfurcht vor der Frau.
Bis 1978 pflegte das römische Brevier (deutsche Übersetzung) das Bild der Maria poenitens und der magna peccatrix. Dann tilgte man die Bibelfälschung. Aber die abendländische Sittengeschichte ist noch davon geprägt. Magdalenenklöster, -asyle, -heime erbarmten sich der gefallenen Mädchen. Die Versuche, die es seit dem Ende des Mittelalters gegeben hat, die drei Frauen wieder zu entflechten, scheiterten allzuoft. Luther folgte nicht dem aufgeklärten Faber Stapulensis, sondern dem Volksgefühl und benutzte Maria Magdalena als ideales Spiegelbild seiner Sünder- und Gnadenlehre. Die bibelkritischeren protestantischen Theologen sahen zwar schneller als ihre katholischen Brüder die fatale Tradition. Aber das hinderte die Innere Mission im vorigen Jahrhundert nicht, weiter den Magdalenennamen zu mißbrauchen. »Es wäre aber Zeit«, mahnte 1903 ein Theologe, »daß wenigstens die Innere Mission der evangelischen Kirche aus ihrer Terminologie den ehrlichen Namen der Magdalena tilgte und für die Prostituierten, deren sie sich annimmt, eine andere richtigere Bezeichnung wählte.« Umfragen und heutige Erfahrung zeigen, daß eine lange bibelkritische Tradition es kaum geschafft hat, mit dem Namen Magdalena andere Vorstellungen als die der großen Sünderin zu verbinden. Was ist nötig, um diesen Sexismus zu überwinden?
Maria Magdalena müßte uns als ein ganzheitlich geheilter Mensch neu begegnen. Aber noch leiden wir alle an einer Theologie, die Leib, Seele und Geist scheidet und es nicht vermocht hat, unsern Leib als gute Schöpfung Gottes neu zu entdecken. Maria Magdalena war das Bild, wie man mit seinem Leib und seinem Geist umging: Verurteilung der Sinnlichkeit und Verherrlichung der Übersinnlichkeit, Unterwerfung der Erde und Triumph des Geistes über das Erdverbundene. An ihrem Bild »suchte der frühchristli-

che Mensch ... die Seele aus ihrer Bindung mit dem Körper zu befreien, um ihr den Aufstieg in das rein geistige Reich des Göttlichen zu erleichtern« (Hans Hansel). An ihrem Bild entzückte man sich an dem ihr geweihten Wallfahrtsort Vézelay in Südfrankreich, bevor man die Kreuzzüge antrat. Hier predigte Bernhard von Clairvaux den Sieg des christlichen Kreuzes über den heidnischen Unglauben. Der weltverneinende Geist der cluniazensischen Reform benutzte sie, und der franziskanische Bettelorden wollte mit Hilfe ihrer Weltüberwindung die Kirche reformieren.

Das Bild, das sich als kirchliches Bild aus den verschiedenen Magdalenendarstellungen endlich durchsetzte, zeigt ihre »Erhebung«. Sie schwebt leicht über dem Boden. Ein Putto hebt einen ihrer Füße, ein anderer Putto zieht den anderen Fuß vom Erdboden. Die Sünderin ist die Weltüberwinderin. Dies Bild ist fälschlicherweise meist als Himmelfahrt Maria Magdalenas gedeutet. Tatsächlich stellt es ihre himmlische Erhebung beim Gebet dar, eine Szene, die aus dem oben erwähnten südfranzösischen Legendenkreis stammt. Seit dem Spätmittelalter bis in die Barockzeit, selbst in der Reformationszeit, wo Dürer aus seinem Holzschnitt der »Erhebung« viele Flugbilder anfertigte, die auf Märkten verkauft wurden, dominierte dies Frauenbild und schloß nun die bewegte Magdalenentradition vorläufig ab. »Sie war der übersinnlichen Welt verfallen ... «, heißt es heute noch in einer katholischen Heiligendeutung. Die Flucht aus der gefährlichen Sinnlichkeit in reine Zonen war gelungen. Aber ihre Leiblichkeit war verdrängt.

Die Freundin Jesu

Die johanneische Osterbegegnung zwischen Jesus und Maria Magdalena hat seit alters her Mutmaßungen über ein besonders intimes Verhältnis beider ausgelöst. In ihrem kurzen Dialog, in seinem Anruf »Maria«, in ihrer Antwort »mein Lehrer« schien Entzücken, Glück, Erotik zu stecken, die das Lehrer-Jüngerverhältnis übersteigt.

Maria Magdalena als sinnliche Schönheit wird von Engeln zum Gebet erhoben

Maria Magdalena. Die Erhebung.
Wallfahrtskirche Madonna d'Ongero in Carona
bei Lugano, 1. Hälfte des 18. Jahrhunderts.

Maria Magdalena hatte ein menschliches Grundbedürfnis nach Erotik erfüllt, das durch das Neue Testament nicht befriedigt wurde. Meinen Ausführungen über Maria Magdalena, den ersten weiblichen Apostel, begegnete ein Mann mit der ängstlichen Frage, wo denn dann die Erotik bliebe. Weibliches Apostolat störte ihm das erotische Urbild Maria Magdalena. Im sexualängstlichen Christentum hat sie also auch noch die erotischen Bedürfnisse auffangen und befriedigen müssen. Vielleicht liegt darin aber ihre unbefangenste, heiterste und sympathischste Funktion.
Dazu gehört zunächst, daß sie im Mittelalter zur Patronin der Kosmetikindustrie wurde. Parfümfabrikanten, Salbenmischer und Friseure stellten sich unter ihren Schutz. Zur weiblichen Faszination gehörten auch Modeaccessoires wie Beutel, Kämme, Handschuhe. Auch deren Fabrikation beschirmte sie. Maler malten sie in eleganten fließenden Gewändern mit Schmuck behangen. Auf manchen Bildern des 16. und 17. Jahrhunderts bespiegelte sie ihre halb entblößte Schönheit. Neben der verhaltenen Drohung, dies sei vanitas, leere Eitelkeit, spürt man die Lust, den Spaß, im prüden Christentum die lebenslustigen Seiten zu malen. Die schöne Helena des Christentums tänzelt auch an der Seite ihrer Liebhaber einher, reitet zur Jagd und wird – emanzipiert von der Kirche – Bild reinster Sinnenfreude.
Die Standardwerke über die Frau im Neuen Testament haben uns das aber eher vergessen lassen. Der Katholik Ketter sieht in ihr so etwas wie die ihrem Bischof ergebene Führerin einer katholischen Frauengruppe, der Protestant Leipoldt hingegen die mit Gemütswerten ausgestattete bescheidene und zurückhaltende Protestantenfrau.
Auch Jesus war so dogmatisiert und damit entsexualisiert, daß lange seine privaten Beziehungen tabuisiert waren. Aber die heutigen Fragen nach dem Menschen in seinen gesellschaftlichen Beziehungen hat auch das persönliche Leben des Rabbi Jesus in ein neues Licht gerückt. Undenkbar sei es, meint Shalom Ben Chorim, daß ein Rabbi nicht verheiratet gewesen sei. Nur sei diese Selbstverständlichkeit im Neuen Testament gar nicht erwähnt. Jean Claude Barreau in seiner modernen Jesusbiografie löst das

Problem, indem er Jesus zum Witwer macht. Nach kurzer Ehe sei seine Frau Sara verstorben. Durch diesen Kunstgriff enthebt er Jesus den sexualethischen Konflikten und läßt ihn zu einem Musterbeispiel von Frauen- und Männerfreundschaften werden. Die Menschlichkeit Jesu ist gewahrt.
Gerade in den letzten Jahren ist wieder leidenschaftlich die Frage diskutiert, ob Jesus intime Beziehungen zu Maria Magdalena gehabt habe (Publikforum 1977). Die phantasievolle Unruhe, die Johannes hier gestiftet hat, ist zwar geistlich sublimiert worden: Maria Magdalena – die Braut Christi, verlobt, aber nicht verheiratet, eine versprochene, aber noch nicht vollzogene Ehe, eine geistliche Braut und ein geistlicher Bräutigam. Aber Luther hat starke Worte über ihre irdische Liebe zu Jesus gefunden: »Sie kann nicht anders denken, träumen, reden denn also: hätte ich nur den Mann, meinen allerliebsten Gast und Herrn, so wär mein Herz zufrieden.« Sie hat ihn »herzlich brünstig lieb gehabt«, hat »ein hitzig brünstig Herz zu Ihm«. Diese Ausdrücke haben vermuten lassen, daß er einen Sexualverkehr zwischen beiden angenommen hat. Aber dann legt er ihre »tägliche Gemeinschaft« doch so aus, daß sie in eine »Vertraulichkeit«, nicht allein irdischer Weise, sondern auch »geistlich« hineingeraten waren. Das Wort »familiaritas«, das er hier gebraucht, übersetzt er anschließend als »Brüderschaft«, so daß anzunehmen ist, daß er sich eine innige Freundschaft zwischen beiden vorgestellt hat. Vielleicht schloß dies Sexualverkehr nicht aus, denn sie hat »Gut und Ehre, Leib und Leben und alles, was sie hat, an ihn gesetzt«. Aber er hat an ihr vor allem die ganzheitliche spontane leidenschaftliche Hingabe des Glaubens zeigen wollen.
Die »große Liebende« hat sich in der Neuzeit immer mehr verselbständigt. Die Beziehung zu Jesus lockerte sich. Als Kurtisane, die viel geliebt hat und der deshalb viel vergeben wurde, machte sie vor allem in Frankreich Geschichte. In der deutschen Literatur wurde sie im vorigen Jahrhundert durch den Literaturnobelpreisträger Paul Heyse zu einer Epikuräerin, die in der Sinnlichkeit die Erfüllung sieht: »Sie verkörpert die Lust, den freien Willen in uns, nur den Hunger unserer Sinne zu stillen, al-

le Freuden der Jugend zu genießen und nicht zu fragen, ob wir morgen vielleicht hassen werden, was wir heute geliebt haben ... »
Aus sinnlich erotischem Nachholbedarf im Christentum beginnt man Maria Magdalena in der Theologie jetzt wieder als Liebende zu entdecken.
»Ich stelle mir vor«, schreibt Ernst Eggimann,
»diese Nacht
außerhalb der Geschichte,
die alle Moral überwand.«
Eros und Agape, sinnliche Liebe und karitative Hingabe, die wenigstens im Protestantismus lange getrennt waren, finden zueinander:
»Als du sie umarmtest,
war ihre Hingabe
so groß
wie eine göttliche Liebe.«
Was durch keine andere Frauengestalt geleistet werden konnte und auch durch die mütterliche Liebe Marias nicht abgedeckt wurde, bricht mit der Forderung Heinrich Bölls nach Zärtlichkeit Maria Magdalenas wieder auf: ein Christentum, das sexualfreundlich ist, den Menschen und ihren Bedürfnissen nachgeht und dessen Moralgesetze neu überprüft werden sollten. Sicher wird man Maria Magdalena nicht gerecht, indem man sie auf die große Liebe und Hingabe festlegt. Wenn man sie auf Zärtlichkeit festnagelt, wird sie zur Kompensation einer rauhen Welt mißbraucht. Wenn man seine erotischen Bedürfnisse an ihr befriedigen möchte, wird sie eindimensional. Maria Magdalena als zärtliche Zugabe zu einer grausamen Kreuzigungsgeschichte und zu einer harten patriarchalischen Welt geht an der ganzheitlichen Sicht des Neuen Testaments und seiner Frauen vorbei.
In der Rock-Oper Jesus Christ Superstar ist diese hilflose Welt-Therapie durch Frauen dramatisiert: Maria Magdalena und die Frauengruppe sind dem leidenden und einsamen Jesus, was kein Mann ihm sein kann. »Sie allein hat mir das gegeben, was ich hier und jetzt brauche«, läßt der Autor Jesus sagen und: »Es gibt keinen Mann unter euch, der weiß und sorgt, ob ich komme oder ge-

he.« Wie Therapeutinnen umgeben die Frauen Jesus, und während Maria Magdalena beschwörend auf ihn einredet, sich zu entspannen, die Augen zu schließen, an nichts mehr zu denken und die Welt Welt sein zu lassen, murmeln die Therapeutinnen bestätigend, wie in einem Refrain: »Alles ist gut, ja, alles ist in Ordnung.«

Maria Magdalena ist mehr als weiblich vertraute Partnerin Jesu. Ihre erotischen Züge drängen sich uns heute auf. Dies ist ein Teil ihrer Persönlichkeit, der sie zu einem ganzen Menschen macht. Aber ihre Erotik darf aus dem Getto einer eng verstandenen Sexualität befreit werden und in die verschiedenen Lebensbezüge einfließen.

Literaturhinweise

Eggimann, Ernst, Jesustexte, Zürich 1972.
Hansel, Hans, Die Maria Magdalena-Legende, Bottrop 1937.
Janssen, Marga, Maria Magdalena in der abendländischen Kunst. Dissertation Freiburg 1961.
Künstle, Karl, Ikonografie der christlichen Kunst, Freiburg 1926.
Lüthi, Kurt, Walter Hartmann, Theologie der Zärlichkeit. In: Radius 2. Mai 1979.
Luther, Martin, WA 28, 449, 32, 35.
Jesus Christ Superstar, Rockoper, Text von Tim Rice, 1970.
v. Rüdiger, Gertrud, Magdalenenliteratur vom Mittelalter bis zur Gegenwart. In: Die Frau. Berlin. 18. Jg. 1911, S. 464ff.
Strunk, Reiner, Menschen am Kreuzweg, Stuttgart 1977.
de Voragine, Jacobus, Die Legenda aurea, Heidelberg 1979.
Art. Maria Magdalena, In: Lexikon der Ikonografie, Freiburg 1974.

Eins der seltenen Bilder einer Kopfsalbung Jesu

Die Salbung.
Buchmalerei, 1260, für den Psalter einer Zisterzienserinnenabtei der Frauen von Basel. Bésancon, Bibl. Municipale.

4. Die Unbekannte, die Jesus salbte

Die Bibel

Jesus war in Bethanien bei Simon dem Aussätzigen. Während des Essens kam eine Frau herein. Sie hatte ein Fläschchen sehr wertvollen Nardenöls. Das zerbrach sie und goß das Öl Jesus über den Kopf. Einige der Anwesenden ärgerten sich darüber: »Was soll die Verschwendung? Dieses Öl hätte man für mehr als 300 Silberstücke verkaufen und das Geld den Armen geben können!« Sie machten der Frau heftige Vorwürfe. Aber Jesus sagte: »Laßt sie doch in Ruhe! Warum bringt ihr sie in Verlegenheit? Sie hat mir einen guten Dienst getan. Arme wird es immer bei euch geben, und ihr könnt ihnen jederzeit helfen, wenn ihr wollt. Aber mich habt ihr nicht mehr lange bei euch. Sie tat, was sie konnte: sie hat dies Öl auf meinen Körper gegossen, um ihn schon im voraus für das Begräbnis zu salben. Ich versichere euch: überall in der Welt, wo das Evangelium verbreitet wird, wird man auch berichten, was sie getan hat, und an sie denken.« (Mk. 14, 3–9)

Kommentare

Für Markus ist diese Frau die erste, die die ... zentrale Wichtigkeit der Passion Jesu erkannt hat. Hier ist der »Glaube ans Evangelium« in einzigartiger Weise erfüllt. So steht sie bei Markus am Anfang der Passion und unterstreicht mit ihrer Handlung, daß der Weg Jesu in den Tod (vielleicht ist auch schon ausdrücklich an die Auferstehung gedacht) die entscheidende Mitte der Botschaft ist. (Eduard Schweizer)

Der König aller Könige wird gesalbt, und er wird zum König gekrönt, gerade da er ins Leiden geht. Eben das Leiden ist der Weg zur Königsherrschaft. Das war schon in allen Leidensansagen verkündet ... Aber von allen Jüngern Jesu begreift das nur eine Frau ... Aber auch sonst sind es in den Evangelien Frauen, die vor andern glauben, vor andern Treue halten; und die Frauen gehörten damals wie die Kinder und die Ungebildeten zu den Verachteten, denen der volle Anteil an der Gottesherrschaft abgesprochen wurde. Nur durch Jesus und in seiner Gemeinde wird hier ein grundsätzlich Anderes geschaffen. So aber ist die Frau die erste Verkünderin »dieses« Evangeliums der Freudenbotschaft von Jesu Tod und Auferstehung. (Julius Schniewind)

Im Neuen Testament steckt eine Theologie der – ich wage das Wort – Zärtlichkeit, die immer heilend wirkt: durch Worte, durch Handauflegen, das man ja auch Streicheln nennen kann, durch Küssen, eine gemeinsame Mahlzeit – das alles ist nach meiner Meinung total verkorkst und verkommen durch eine Verrechtlichung, man könnte wohl sagen durch das Römische, das Dogmen, Prinzipien daraus gemacht hat, Katechismen; dieses Element des Neues Testaments – das zärtliche, ist noch gar nicht entdeckt worden (Heinrich Böll).

Eine unbekannte Geschichte

Die unbekannte Frau, die in eine geschlossene Männergesellschaft eindringt, eine kostbare Salbenflasche zerbricht, ihren Inhalt Jesus über den Kopf gießt und ins Dunkel der Geschichte wieder verschwindet, ist eine der großartigsten und unbekanntesten Frauengestalten des Neuen Testaments.
Unbekannt? Kennen wir nicht alle genügend die Salbungsgeschichte und Salbungsbilder? Die Alabasterflasche, die Frau in der Männerrunde, die Worte Jesu von ihrer nie zu vergessenden Tat?
Was wir gewöhnlich kennen, ist die Fußsalbung Jesu durch eine

Frau. Und diese Frau gilt als große Sünderin oder Maria Magdalena.
Unsere Geschichte beginnt anders und ist anders; sie steht im ältesten Evangelium und ist wohl die älteste Überlieferung der Salbung Jesu durch eine Frau: sie berichtet von einer Unbekannten und einer Kopfsalbung Jesu und verlockt uns, die Salbung Jesu einmal von *dieser* Frau und *dieser* Salbung her zu lesen.
Zunächst muß man sich Zeit und Ort dieser seltsamen Handlung vergegenwärtigen: es ist zwei Tage vor dem jüdischen Passahfest. Jesus ist mit seiner Gruppe nach Jerusalem gekommen. Seine Verhaftung steht kurz bevor. Die jüdischen Organe haben beschlossen, zuzuschlagen und diesen radikalen, ärgerlichen Umstürzler, dem so viele zulaufen, unschädlich zu machen. Die Männer, die ihn seit frühen Tagen begleiten, sind in immer zunehmendem Maße verwirrter und zweifelnder geworden. Sie mißverstehen ihn gründlich. Sie wehren sich dagegen, daß dieser hoffnungsvolle Aufbruch mit Leiden und Tod enden soll. Sie machen ihm Vorhaltungen, wenn er von seinem Tod spricht (8,32); Angst packt sie (10,32). Und als Krönung dieser zunehmenden Mißverständnisse steht am Anfang des letzten Leidensganges nach Jerusalem die törichte Bitte der beiden Jünger, die stolze Ehrenplätze bei ihm einnehmen wollen (10, 35 ff).
Zu der drohenden Verhaftung kommt die menschliche Isolierung Jesu. Kein anderer Evangelist hat Jesus so menschlich, so einsam, zerrissen, seinem Körper und seinen Ängsten ausgeliefert beschrieben wie der älteste Evangelist Markus: Jesus »zittert« in Gethsemane. Seine Hoffnung, daß das bittere Ende nochmal an ihm vorübergeht, ist echt und von keiner später hinzugefügten Gehorsamsäußerung verwischt. Jesus stirbt bei ihm auch nicht eins mit dem Willen Gottes, sondern mit einem unartikulierten Schrei voll Disharmonie mit sich, seinem Körper, seinem Geschick und seinem Gott.
Über diesen verlassenen, zerrissenen Jesus gießt die Unbekannte kurz vor der Katastrophe eine sinnlose Menge teuersten indischen Parfümöls. Salbung des Gastes gehört eigentlich zur Höflichkeit des Gastgebers. Hier hat der Gastgeber versagt, und die Frau hat

es übernommen. Aber diese exzentrische Verschwendung von soviel Öl, das den Jahreslohn eines Arbeiters ausmachte, mußte verrückt und arrogant wirken. Ölungen galten als Luxus, der aus dem Morgenland kam. Sie hatten im römischen Reich Ausmaße angenommen, die moralischen Unmut hervorriefen. Sie galten vielfach als »unmännlich«, als Zeichen der Verweiblichung und wurden von »ernsten Männern« verurteilt. Auch die Tischrunde bei Markus besteht aus ernsten Männern, die für soziale Zwecke und gegen Dekadenz votieren: »Wieviel hätte man für Arme davon tun können!«
Zwei Fragen tauchen auf: Wer ist die Frau?
Gehörte sie zu der galiläischen Frauengruppe, die Jesus seit Beginn seiner Wirksamkeit in Galiläa begleitete? War sie eine Einzelgängerin?
Und: was bedeutet solche Salbung? Was ist ihr ursprünglicher Sinn? Zunächst die Salbung:
Um die ursprüngliche Salbung wieder zu verstehen, müssen wir verschiedene Schuttschichten unserer Bewußtseinsbildung und patriarchalischen Rezeptionsgeschichte abtragen. Denn »Salbung« gilt bei uns als geschlechtsspezifische weibliche Tat. Eine Frauengruppe, die zu ihrer eigenen Selbstfindung sich mit speziellen Frauentexten des Neuen Testaments befassen wollte, scheiterte an den Frauen, die am Ostermorgen den toten Jesus salben wollten: »Ist das nicht wieder etwas typisch Weibliches? Was soll das heutigen Frauen bedeuten?«
Tatsächlich ist Salbung im bürgerlichen Abendland immer im Zusammenhang mit Kosmetik, Krankenpflege und Liebesdienst gesehen und Frauen als eigenstes Feld anempfohlen worden. Fliedner sah in den salbenden Frauen Vorbilder für seine Krankenschwestern. Wie Grabgang und Totenklage gilt die Salbung mit »zarten Frauenhänden« (Shalom Ben Chorim) in unserem Kulturkreis heute zum weiblichen Spezialgebiet. Der Salbtopf wurde zum Symbol fast aller weiblicher Heiligen.
Zudem wurden Maria, Magdalena und die große Sünderin in eins gesetzt, Sünde und Salbung zusammengebracht und als weibliche Wiedergutmachung verstanden.

Aber wer salbte im Altertum?
Man salbte Gäste, um sie zu erfrischen. Man salbte Tote, um sie einzubalsamieren und zu ehren. Man salbte Kranke, um sie zu heilen. Markus erzählt dies von den Jüngern. Und man salbte Könige. Und dies waren keine frauenspezifischen Aufgaben. Einen israelitischen König z. B. hat wohl nie eine Frau gesalbt!
Hat man diese beiden landläufigen Irrtümer beseitigt, daß wir es hier mit einer Frau mit Vergangenheit und dem Dienst zarter weiblicher Hände zu tun haben, haben wir uns der Unbekannten ein Stück genähert.
Wer ist sie? Was für eine Frau ist das?
Sie ist verwegen und unverschämt, zugleich zart und mitleidend; vermutlich eine Einzelgängerin, radikaler als die Frauengruppe, aber ihr doch nahe. Unbekümmert verletzt sie Traditionen und Anstandsregeln. Sie bricht das Hausrecht, um Jesus was Gutes zu tun. Sie salbt ihn, wie man einen Toten salbt, und blamiert damit die ins Gelingen verliebten Jünger, die immer noch nicht merken, daß der Weg Jesu in den Tod führt. Sie will ihn nicht aufhalten auf diesem Weg, nur sich neben ihn stellen. Sie ist nicht verwirrt und ängstlich, sondern voll Sympathie, voll Mit-leiden.
Und sie bricht auch noch mit alten israelischen Traditionen: sie maßt sich eine Männerrolle an. Gesalbt wurde im alten Israel, wer zum neuen König gewählt war. Der Prophet Samuel salbt auf Geheiß Gottes Saul und später David zum König, indem er Ölflaschen über ihren Köpfen ausgießt. Das gleiche tut die Unbekannte. Nur ist sie kein berühmter Prophet, sondern eine unbekannte Frau, und Jesus erwartet keine geschichtliche Aufgabe, sondern ein schändlicher Tod. Johannes und Lukas erzählen von Fußsalbungen, Markus und – in seinem Gefolge – Matthäus von einer Kopfsalbung. Beide spielen zuden immer wieder auf israelische Traditionen an. So ist die Unbekannte zugleich Prophetin, die den Messias salbt, weiht und zurüstet für seine Aufgabe. Das ist ein doppelter Bruch mit der Vätertradition: Der König ist ein Todeskandidat, und Israel steht unter

fremder Besatzung, und eine namenlose Frau übernimmt die Rolle der »Männer Judas« (2. Sam. 2,4). Eine neue Zeit kündigt sich an, in der die alten Werte auf den Kopf gestellt werden.

Priesterin, Hexe, weise Frau?

Die große Unbekannte hat ohne Zweifel Züge der weisen, heilenden, die Zukunft voraussagenden Frau, die in allen Religionen vorkommt. Sicher decken sich ihre Züge nicht mit den religionsgeschichtlichen Parallelen: den Sibyllen, Feen und Hexen mit heilenden Salben. Aber etwas von deren Magie drängt sich hier auf. Das Ölgefäß: die Alabasterflasche, erinnert an den magischen Kessel oder Topf, der sich immer »in der Hand der weiblichen Manafigur, der Priesterin oder später der Hexe« befindet (Erich Neumann).
In der biblischen Heilsgeschichte sind solche Frauen selten oder stark zurückgedrängt. Der uralte verkrampfte Kampf gegen Muttergottheiten, weibliche Heilkräfte, matriarchalische Urformen, der schon in Israel begann und sich im Christentum fortsetzte, hat auch unsern Blick für die Reste solcher Urbilder verstellt. Aber die Unbekannte taucht wie eine weise Frau auf, weiß mehr und deutlicher als alle andern über die Zukunft, ohne die fatalen Züge einer trostlosen Schicksalsgöttin zu tragen. Sie tröstet und labt mit heilender Salbe. Und sie übernimmt zudem noch eine politische Rolle: sie kürt den König.
Mereschkowski hat die Unbekannte neben den großen Unbekannten Jesus gestellt, der sich uns ebenso entzieht, wenn wir ihn festhalten wollen: »neben dem Unbekannten steht die Unbekannte, neben dem Bräutigam die Braut.« In Jesu Tod hat er diese Frau den neuen Anfang, »die Geburtswehen der ganzen Mutter Erde« sehen lassen, »die das Gottesreich gebären soll.« Auch der ostkirchliche Theologe entdeckt in ihr im Christentum vergessene matriarchalische Bilder.
Eduard Schweizer deutet die Möglichkeit einer Auferstehungsvision an: »Vielleicht ist auch schon ausdrücklich an die Auferste-

hung gedacht.« Die Frauen, die Markus am Ostermorgen zum Grabe gehen läßt, tragen ebenfalls Salben. Was soll dieser Hinweis?

Nach Markus haben die Jünger die Aufgabe, zu heilen und böse Geister zu vertreiben. Und es wird ausdrücklich erzählt, daß sie Kranke salben und heilen (6,13). Haben die Frauen am Grabe und die Unbekannte diese messianische Heilung am Leibe Jesu vollziehen wollen? Haben sie auf den auferstehenden Leib schon hingewiesen?

Das Unheimliche dieser Erscheinung hat man schnell zu bannen gewußt und der Anonymen einen Namen und eine Geschichte gegeben. Aber die Exegeten, die heute an diese Markusgeschichte geraten, verlieren immer noch ein Stück männlicher Selbstsicherheit, und die Unbekannte erschüttert immer noch die patriarchalische Vorherrschaft der Theologie: eine Frau hat vor allen Jüngern um das Messiasgeheimnis gewußt.

Die Unbekannte hat eine bunte Geschichte hinter sich. Das Numinose, Magische, Prophetische, vielleicht gar Heidnische, erschreckte. Ihrer rätselhaften Erscheinung wollte man habhaft werden und sie ins begreifbar Alltägliche ziehen. Die Theologen bemächtigten sich ihrer schon bald, »befreiten« sie aus der Anonymität und legten ihr einen Namen und eine Geschichte zu. Für Lukas war diese aufsehenerregende und die Jünger in den Schatten stellende Tat die Aktion einer großen Sünderin, die Jesus die Füße salbt. Eine stadtbekannte Dirne, eine Frau, die etwas auf dem Kerbholz hatte, tut den ungewöhnlichen, anstößigen und kostspieligen Liebesdienst. Die Tat wird privatisiert und personalisiert. Die Vorgeschichte der Frau gibt das Motiv für die exzentrische Tat ab. Trotz der geschichtlichen Bedeutung der Salbung als Hinweis auf den Tod Jesu ist hier Lukas an Schuld und Erlösung einer Frau interessiert, die er zwar nicht mit Namen, aber mit einer persönlichen Geschichte versieht.

Johannes hat die gleiche Handlung mit der sensiblen Maria von Bethanien in Verbindung gebracht. Seit Augustin lastete man sie der zur großen Sünderin gemachten Maria Magdalena als Sühnetat für ein ausschweifendes Leben an. Salbung und Sühne geben dann für die Künstler aller Zeiten das beliebte Motiv ab, mit dem man zu Reue und Umkehr aufrief. Als große Liebestat verselbständigte sich dann die Salbung später und verlor den jesuanischen Bezug. Die literarische Gestalt der Frau, die »viel geliebt hat und der deshalb viel vergeben« wird, entstand. Die große Unbekannte war dingfest gemacht, greifbar und verstehbar geworden. Und sie war zu einem typischen weiblischen Schreckbild einer verführten und verführenden Frau gemacht. Wieviel Diskriminierung der Frauen aller Zeiten aus diesen Traditionswucherungen hervorgegangen ist, läßt sich nur ahnen! Welche Frauengeschichte bei Markus verborgen ist, wurde nur selten entdeckt und hat das Bewußtsein vieler Theologen bis heute nicht erreicht.

Auch in die Kunst ist die hoheitsvolle Frauengestalt, die den Messias salbt, kaum eingegangen. Hätte sich in solchem Bild nicht Herrschaft andeuten können? Herrschaft einer Frau über den Mann? Ein mißzuverstehendes Oben-Unten? Während die Fußsalbung eins der beliebtesten Motive der Malerei wurde, sind nur ganz vereinzelt Bilder der Kopfsalbung Jesu zu finden. Für den Psalter eines Zisterzienserinnenklosters entstand um 1260 ein Abendmahlsbild, auf dem eine Frau in Nonnentracht hinter Jesu steht und Öl über seinen Kopf gießt. Hatten die in dieser Zeit zu Selbständigkeit und Selbstgefühl kommenden Nonnen es bestellt oder selbst gemalt? Und haben sie Zugeständnisse an die Tradition gemacht, indem sie eine fußsalbende Frau noch unter dem Tisch ansiedelten? Eine Jesus um Kopfesgröße überragende Frau, die über ihm eine männlich-prophetische Handlung vollzieht, entsprach schon in der Körpersprache nicht dem christlichen Frauenideal. Die dienend-demütige Haltung der Fußsalbung hatte eine alte frühchristliche Erinnerung verdrängt.

Das Rätsel um diese merkwürdige Frauengestalt der frühen Kirche läßt sich nicht ganz auflösen. Es genügt, wenn wir ihre vergessenen Züge, ihren emanzipatorischen Akt und ihre Funktion in einem leibfernen, männlichen, rationalen und wortgewandten Christentum heute neu entdecken: die leibliche Solidarität und die heilende Gemeinschaft, die eine Frau als neue messianische Ordnung ankündigt.

Leiblichkeit bei Markus

Menschen haben einen Körper, der fühlt, der sich wohl fühlt, Schmerzen fühlt, sich einsam fühlt, Lust spürt. Für Markus ist das Evangelium fühlbar und spürbar, und wie kein anderer hat er die Leiblichkeit der Erfahrung von Freude, Wohlsein und Schmerz auszudrücken verstanden. Für uns in einer westlichen Christenheit, wo der Körper vergessen oder unterdrückt oder ein Vehikel zur Erreichung von Zwecken ist, klingen viele Stellen seines Evangeliums merkwürdig archaisch. In unserer wortstarken und schriftgelehrten Kirche bedürfen stumme Handlungen immer des erklärenden Wortes. Stille füllen wir mit Worten oder Musik. Matthäus und Lukas, die viel predigen und mit Worten deuten, stehen uns weit näher.
Bei Markus werden die Jünger ausgeschickt, um die Heilszeit durch Heilstaten, Krankensalbungen und Dämonenaustreibung zu demonstrieren. Die Heilungen Jesu sind körperlicher, uriger und in Details beschrieben. Er vermischt Speichel und Erde und trägt sie dem Blinden auf die Augen (8,23). Er legt dem Tauben die Finger in die Ohren und berührt seine Zunge (7,33).
Wo bei Matthäus schon kühlere Distanz oder Körperlosigkeit gewahrt ist, wird bei Markus noch berührt und Körpernähe hergestellt. Die Schwiegermutter des Petrus richtet Jesus zunächst einmal im Bett auf, bevor er ihr die Hand gibt und sie heilt (1,31). Die Kinder umfaßt er erstmal zärtlich, »herzt« sie, bevor er sie zum Lehrbeispiel nimmt (9,36; 10,16). Der Jairustochter läßt er nach der Auferweckung zunächst etwas zu essen bringen (5,43).
Jesus selbst ist bei ihm mehr Mensch, mehr Leib als in den andern Evangelien. Jesus genießt die Wohltat der Salbung. Er zittert in Gethsemane vor Angst. Er stirbt mit einem unartikulierten Schrei, und alle später eingefügte Gehorsamshaltung hat noch nicht das

Bild des fühlenden, mitleidenden, Nähe suchenden Menschen zerstört. Er ist auch anfälliger gegenüber Elendsbildern. Es »jammert« ihn öfter. Er zeigt »Herz«. Er gibt sich in seiner ganzen Person preis.
Dieser Jesus braucht Menschen. Er ist nicht der einsame Held. Er ist nicht so souverän, daß er auf die Nächsten verzichten kann. Der Verrat der Jünger schafft Schmerz, der in Gethsemane bis ins körperliche Zittern hineingeht. Die tröstende Nähe der Frauen bringt die luxuriöse Salbung: Lust, Genuß, Behagen in einer sich schmerzhaft zuspitzenden Einsamkeit. Hätten wir das Markusevangelium nicht, hätten wir ein weit kühleres, »göttlicheres« Jesusbild. Den zärtlichen Jesus hat er uns nahegebracht.
Aber die Leiblichkeit, die Jesus ist und die er bringt, diese Öffnung für sich, seinen Schmerz, seine Freude, die Nähe für den andern bringt auch Konflikte mit der Umgebung. Jede Kultur hat ihre Berührungsängste. Sie zeigen sich vor allem in der Tabuisierung von Sexualität und deren gesellschaftlichen Auswirkungen. In der antiken Gesellschaft war der Körper des Menschen tabuisiert, d. h. unberührbar, wenn er unrein, aussätzig oder tot war. Wer einen solchen Körper berührte, verletzte Ritualgesetze und wurde selber unrein, d. h. er durfte an keinen religiösen Kulten teilnehmen.
Über diese Tabus setzt sich Jesus souverän hinweg. Es gibt sie für ihn nicht. Die Aussätzigen berührt und heilt er. Er läßt sich selbst von ihnen anrühren, und sie werden gesund. Was uns mirakulös vorkommt, gehört zentral ins Evangelium: der Durchbruch zu einem Leib, der als ganze und gute Schöpfung Gottes angelegt ist, den keine Krankheit isolieren, den kein Ritualgesetz ächten und als unberührbar hinstellen kann.
Ebenso durchbricht er die Tabuisierung des toten Körpers: Jesus berührt die tote Tochter des Jairus. Die beiden anderen Totenauferweckungen des Neuen Testaments, Lazarus und der junge Mann aus Nain, von denen Johannes, bzw. Lukas berichten, lassen keine Berührung erkennen. Hat nur Markus in provozierender Weise Jesus das Tabu durchbrechen lassen? Und hat er es bewußt an dem toten Mädchen demonstriert?

Das dritte Tabu: die Berührung durch eine unreine, d. i. menstruierende Frau, erfolgt in der Heilung der blutflüssigen Frau (Mk. 5,24ff). In »schockierender Weise« (E. Schweizer) wird hier erzählt, daß die Befreiung des Menschen bis in verdrängte Körperregionen geht. Während Jesus zum Haus des Jairus gerufen wird, drängt sich im Menschengewühl eine Frau von hinten an ihn heran und berührt sein Gewand. Sie hatte seit 12 Jahren chronische Blutungen, war vermögend, aber hat inzwischen ihr Geld bei Ärzten gelassen, ohne daß ihr geholfen werden konnte. Verarmt, ihrem kranken Körper und dem sozialen Tod ausgeliefert, gibt es für sie keine Hoffnung mehr. Als sie als letztes Mittel Jesu Kleid anfaßt, stoppt der Blutstrom. Die Geschichte wird auch von Matthäus und Lukas erzählt. Aber nur Markus betont: »Sie spürte an ihrem Leibe, daß sie gesund geworden war.« (5,29). Hier ist das Evangelium fühlbar geworden. Hier ist die Befreiung leiblich erlebt. Hier ist bis ins physisch-seelische Mark des Menschen etwas neu geworden.

Aber nun »spürt« Jesus auch etwas: von ihm ist eine Kraft ausgegangen. Zudem ist er rituell unrein geworden. Die Frau hat ihn in ihr Geschick hineingezogen. Sie wird rein, und er wird unrein.

Vielleicht nicht zufällig ist diese Episode in die Auferweckung der Jairustochter eingebettet: an einer toten Frau verunreinigt sich Jesus, an einer menstruierenden Frau ebenfalls. Er hebt diese Gesetze auf, erweist sie als nichtig, indem er beiden Frauen neues Leben gibt.

Eine alte Handschrift enthält die Anklage, daß Jesus Frauen und Kinder zur Unreinheit verführt habe. In der offiziellen Anklage vor Pilatus kam dies nicht vor. Auch ein Tabu? Die Praxis der späteren Kirche hat diese Reinheitsgesetze weiter kultiviert. Bis in unsere Tage gibt es Kirchenbereiche, in denen Frauen nichts zu suchen haben, weil der Verdacht der Unreinheit besteht.

Leiblichkeit ist kein Reservat für Frauen. Auch Männer erleben bei Markus die heilende Veränderung ihres Leibes. Die leibliche Befreiung haben diskriminierte Frauen jedoch unmittelbarer als Männer erfahren. Sie strömen darum auch bei Markus diese wortlose, heilende, tröstende Kraft aus, die den ganzen Menschen erfaßt. Am Ostermorgen riskieren sie die gleiche große Tabuverletzung wie ihr Meister: sie wollen einen Toten salben und in unbekümmerter Weise die leibliche Nähe fortsetzen, die sie erfahren haben. Aber der Tote ist nicht mehr da. Die leibliche Erfahrung ist nicht das einzige und letzte. Sie ist von Tod und Zerstörung des Leibes bedroht, und trotzdem ist sie unverzichtbar, weil sie die Hoffnung auf den neuen Himmel und die neue Erde in sich trägt.

Literaturhinweise

Mereschkowski, D. S., Tod und Auferstehung, Leipzig 1935.
Schniewind, Julius, Das Evangelium nach Markus. NTD Göttingen 1949.
Schweizer, Eduard, Das Evangelium nach Markus. NTD Göttingen 1967.

»Wenn man liebt, hat man keine Angst...«

Das Evangelium der Bauern von Solentiname.
Jugenddienstverlag Wuppertal.

5. Die Frauengruppe des Markus

Die Bibel

Da packten sie Jesus und nahmen ihn fest ... Da verließen ihn alle seine Jünger und flohen.
Der römische Offizier aber, der vor dem Kreuze stand und miterlebt hatte, wie Jesus aufschrie und starb, sagte: »Dieser Mann war wirklich Gottes Sohn!« Auch einige Frauen waren da, die alles aus der Ferne beobachteten, unter ihnen Salome, Maria aus Magdala und Maria, die Mutter des jüngeren Jakobus und Joses. Sie hatten Jesus in Galiläa begleitet und ihm gedient. Auch noch viele andere Frauen waren da, die mit ihm nach Jerusalem gekommen waren ...
Josef kaufte ein Leinentuch, nahm Jesus vom Kreuz und wickelte ihn in das Tuch. Dann legte er ihn in ein Grab, das in einen Felsen eingehauen war. Zuletzt rollte er einen Stein vor den Grabeingang. Maria aus Magdala und Maria, die Mutter Joses, sahen zu und merkten sich, wo Jesus lag. Als der Sabbat vorbei war, kauften Maria aus Magdala, Maria, die Mutter des Jakobus und Salome wohlriechende Öle, um den Toten einzubalsamieren. Ganz früh am Sonntagmorgen, als die Sonne aufging, kamen sie zum Grab ...
Sie gingen in die Grabhöhle hinein und sahen dort auf der rechten Seite einen jungen Mann in einem weißen Gewand sitzen. Sie erschraken heftig. Er aber sagte zu ihnen: »Habt keine Angst! Ihr sucht Jesus aus Nazareth, der ans Kreuz genagelt wurde. Er ist nicht hier; Gott hat ihn vom Tode erweckt! Hier seht ihr die Stelle, wo er gelegen hat. Und nun geht und sagt seinen Jüngern und Petrus: ›Er geht euch nach Galiläa voraus. Dort werdet ihr ihn sehen, wie er euch gesagt hat.‹ Da verließen sie die

Grabhöhle und flohen. Sie zitterten vor Aufregung. Und weil sie Angst hatten, erzählten sie niemand etwas davon. (Mk. 14,46. 50. Mk. 15,39. 40. 41. 46. 47. Mk. 16,1–2. 5–8)

Kommentare

Wie Jesus starb, hat keiner seiner Jünger gesehen (Mereschkowski).

Den Jüngern Jesu ist ein Strich durch ihre Dogmatik gezogen worden, der sie so aus dem Gleis warf, daß sie nur noch fliehen konnten (Eduard Schweizer).

In der theologischen Sicht des Markus sind Frauen die eigentlichen Nachfolger Jesu und repräsentieren im messianischen Volk Gottes die wahre Absicht Jesu und seiner Mission (Elisabeth Schüssler-Fiorenza).

So hebt Markus zu unserer Überraschung den Vorhang zu einem ganz unbekannten Stück Leben Jesu, des Unbekannten, in dem nicht das Männliche, sondern das Weibliche vorherrscht. Das nur männliche Evangelium reicht bis Golgatha, dann kommt das weibliche hinzu ...
Alle Jünger waren geflohen, hatten ihn »verleugnet«; treu geblieben waren nur die Jüngerinnen. Die schwachen Weiber sind stärker als die Männer: der Glaube des Felsen Petrus zerrann wie Sand, der Glaube der Maria aber ist wahrhaft ein Fels. Das Männliche der Liebe erwies sich als kraftlos, stark ist die Weiblichkeit. Die Sonne der männlichen Liebe geht im Tode unter, die Sonne der weiblichen geht in der Auferstehung auf (Mereschkowski).

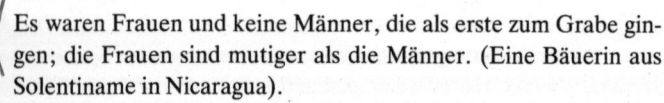
Es waren Frauen und keine Männer, die als erste zum Grabe gingen; die Frauen sind mutiger als die Männer. (Eine Bäuerin aus Solentiname in Nicaragua).

Eine subversive Frauengeschichte

Die Bäuerinnen von Nicaragua, die ich eingangs erwähnte, haben recht: Frauen haben im Evangelium mehr Mut und Herz. Frauen haben eine Sonderrolle: im Markusevangelium gibt es eine Frauengeschichte, die die Jüngergeschichte in den Schatten stellt.

Nach außen hin sieht alles nach einer Männergeschichte aus, die Frauengeschichte verbirgt sich. Jesus beruft zwölf Jünger. Sie folgen ihm von Galiläa aus, lassen sich zu Mission und Heilungen aussenden, nehmen am letzten Abendmahl teil und sind im ständigen Gespräch mit Jesus, bis sie bei seiner Verhaftung fliehen.

Die Frauengeschichte verläuft subversiv, im Untergrund. Sie erzählt, wie Frauen aus Galiläa ihn von Anfang an begleiten, in nächste menschliche Beziehung zu ihm treten, ihm dienen – wie er ihnen dient. Zumindest *eine* Frau sieht seinen Tod voraus. Keine läßt sich durch seine Verhaftung abschrecken. Alle bleiben in nächster Nähe des Verurteilten und Hingerichteten. Über seinen Tod hinaus sind sie von seiner Person und seiner Botschaft erfüllt. Beim Begräbnis sind sie dabei, und eine unbestimmte Hoffnung treibt sie am Ostermorgen zum Grab. Das leere Grab erschreckt sie tief, macht sie hilflos, einsam. Die Nachricht des jungen Mannes von seiner Auferstehung bringt sie vollends aus dem Gleis, so daß sie fliehen und außer sich geraten. Ahnen sie, daß sich das, was er gesagt hat, erfüllt? Das erschreckende Geheimnis vermögen sie nicht weiterzumelden, obwohl der junge Mann am Grab es ihnen aufgetragen hat.

Damit schließt das eigentliche Markusevangelium. Ein später angehängter Schluß (Kap. 16,9f) erzählt weitere Osterbegegnungen Jesu mit Frauen und Männern.

Dieses Markusevangelium durchzieht der Grundgedanke, daß Gott sich im Leiden den Menschen offenbart und daß dies in der Nachfolge, im Leiden und Leben mit Jesus erfahren werden kann. Die männlich-menschliche Geschichte ist allerdings die Geschichte des vollkommenen Versagens: die Pharisäer, die Bürger von Nazareth und schließlich die Jünger scheitern. Am tragischsten ist die Geschichte der Jünger, die Jesus in seine persönliche Nachfolge gerufen hat und die ihm streckenweise – z. B. im Petrusbekenntnis folgen. Aber dann kommen im Mittelteil des Evangeliums die drei großen Mißverständnisse: Jesus sagt ihnen, daß sein Leben nicht mit Erfolg, sondern mit Leiden enden wird. Das verwirrt, entsetzt und enttäuscht die Gruppe, daß sie erst mit Abwehr, dann mit stummer Verzweiflung und schließlich wie gelähmt reagiert (Mk. 8,32; 9,30f; 10,32). Noch haben sie zwischendurch naive Träume von der Teilhabe an Macht und Herrlichkeit. So die Brüder Johannes und Jakobus (10,35), die zu seiner Rechten und Linken sitzen wollen, also regelrechte Mitbeteiligung anstreben. Aber im letzten Teil, auf dem Passionsweg nach Jerusalem, ereignet sich das endgültige Versagen: Judas verrät Jesus. Die andern fliehen bei der Gefangennahme.

Im Blick auf die menschlichen Fähigkeiten scheint das Markusevangelium ein hoffnungsloses Buch zu sein. »Daß seine Jünger wieder und wieder versagen, zeigt noch einmal«, so z. B. Eduard Schweizer, »wie unmöglich die Erkenntnis Gottes für den Menschen ist.« Denn »nur der Nachfolger wird verstehen können, was die Kraft der Worte und Taten Jesu sind«.

Wer aber sind seine Nachfolger?

Hoffnung sieht Schweizer zunächst für die Heiden, für die Markus noch eher diese Erkenntnis und Nachfolge erwartet. Für die versagenden Jünger bleibt die Aussicht, daß sie dem Auferstandenen »nachfolgen« können. Diese Botschaft sollen die Frauen vermitteln, die größere »Durchhaltekraft« haben. Aber damit ist die bisher verdeckte Perspektive des Markus aufgezeigt, die meist nicht gesehen wird: wo die Jünger versagen, sind die Frauen die wahren Nachfolger. Wo den Männern »ein Strich durch ihre Dogmatik gezogen worden« ist, beginnen Frauen zu leben. Wo die offizielle Geschichte im Dunkel endet, lebt der Untergrund eine eigene Geschichte. Wie sieht sie aus? Und wo taucht der Untergrund an die Oberfläche?

Die Frauengruppe begleitete Jesus nicht nur von Galiläa an, sie tut auch das, wozu er gekommen ist: sie dient (15,41). Damit erfüllen die Frauen seine Weisung: »Wer groß unter euch werden will, der soll euer Diener sein«, und folgen ihm nach, der gekommen ist, »zu dienen und sein Leben zur Bezahlung für viele zu geben« (9,35; 10,42 ff). Sie bleiben – wie wir oben schon gezeigt haben – im Leiden, Tod und Begräbnis bei ihm. Sie standen »von ferne«, nicht aus Angst, sondern weil der Hinrichtungsplatz vom Militär abgesperrt war. Zwei Frauen sind weiter bezeugt, die bei der Grablegung Jesu durch den Ratsherrn Josef von Arimathia zugegen waren (15,47). Drei Frauen sind nach Markus Zeugen des Ostergeschehens und sollen erste Boten der Auferstehung sein (16,1 ff). Und schließlich ist es eine Frau – die Unbekannte –, die entgegen den nach Erfolg strebenden Jüngern seinen Tod begreift und sich an seine Seite stellt (14,3–9). Das Häufchen klagender, aber tapferer Frauen, die sowieso nichts riskieren – wie es bis heute verbreitete Meinung ist –, bekommt Profil und stellt sich als die eigentliche Jüngerinnengruppe heraus.

Dieses »Dienen« – die wahre Nachfolge Jesu, wird auch in den anderen Evangelien immer wieder von Frauen erzählt. Die Schwiegermutter des Petrus dient, Martha dient, die galiläische Frauengruppe dient. Von Jüngern wird diese Nachfolge nie erzählt. In allen Evangelien ist also noch ein Rest von der alten Erfahrung bewahrt, daß Frauen die eigentlichen Nachfolgerinnen, Gewinnerinnen und Teilhaberinnen am Leben Jesu sind. »Dienen« ist bei Markus keine erniedrigende Tätigkeit, sondern ein gegenseitiges Nehmen und Geben, ein sich Hingeben und sich gegenseitig Annehmen, ein Austausch von Liebe, Zärtlichkeit, Hilfe und Trost. Jesus hatte also nicht nur Frauen als Jüngerinnen, sondern sie waren für Kreise der frühen Kirche die *eigentlichen* Jüngerinnen.

Es ist nach alledem anzunehmen, daß in den Gemeinden, die Markus kannte, Frauen als beispielhafte Jünger galten und deshalb auch führende Positionen innehatten.

Auf diesen unbekannten Markus hat schon Mereschkowski verwiesen, und die amerikanische Forscherin Elisabeth Schüssler hat jetzt überzeugend gezeigt, »daß in der theologischen Sicht des Markus Frauen die eigentlichen Nachfolger sind und die wahre

Absicht Jesu und seiner Sendung innerhalb des messianischen Volkes Gottes verwirklichen.«

Heute ist sich die theologische Forschung einig, daß die Frauen die eigentlichen Träger der Tradition von Tod, Begräbnis, Auferstehung sind. Wer auch anders als die Frauen sollte von den Ereignissen auf Golgatha erzählt haben?

Forscher meinen aber auch zu wissen, daß es eine buntere und reichere Frauentradition gegeben hat, als die Frauenerzählungen und die verdeckte Tradition der Frauengruppe uns ahnen läßt. Nach Elisabeth Schüssler sehen wir nur noch »die Spitze eines Eisbergs«. Nach Hartwig Thyen ist »mit diesen Gruppen als den Verlierern in der Geschichte auch der größte Teil ihrer Zeugnisse untergegangen. Die Dokumente kirchlicher Ketzerbekämpfung lassen vermuten, daß in diesen Zeugnissen die durch Christus gewährte Befreiung der Frau aus der Herrschaft des Mannes eine Rolle gespielt hat ...«

In einer patriarchalischen Gesellschaft, die dann bald die frühen Gemeinden prägte, konnte sich aber die ruhmlose Jüngerrolle der frühen Überlieferung nicht lange halten. Die andern Evangelien kaschierten den Defekt und stellten die männliche Ehre wieder her.

Das Markusevangelium als die älteste, uns erhaltene Quelle, erzählt noch eindeutig, daß alle Jünger Jesu flohen und Frauen bei der Hinrichtung anwesend waren (15,40 f).

Parallel dazu berichtet Matthäus über die Flucht der Jünger und erwähnt ebenso dreimal die Frauengruppe bei Hinrichtung, Begräbnis und Auferstehung. Lediglich einzelne Frauennamen variieren.

Erst bei Lukas treffen wir auf das bis heute gewohnte kirchliche Konzept: die Jüngerflucht ist nicht erwähnt. Neben den Frauen unterm Kreuz stehen auch viele Bekannte, die sogar zuerst genannt werden, und vielleicht deutet Lukas damit schon das männliche Übergewicht an. Die Sonderrolle der Frau, die die frühe Tradition noch kannte, ist auf die Anwesenheit beim Grab und auf den Ostermorgen geschrumpft. Lukas, der auch in anderen Fällen die Rolle der Frauen eingeschränkt hat, schuf das Bild von

einer paritätisch besetzten Kirche.
Johannes, der an keiner historischen Überlieferung interessiert war, stellte zwei stilisierte Personen: den Lieblingsjünger und seine Mutter unter das Kreuz. Beide sollten die neue Gemeinde, die Gemeinschaft aus Männern und Frauen verkörpern. Kirchliche Realität, und das heißt eine von Männern geführte Kirche, hatte die ursprüngliche Überlieferung geändert.
Und es zeigt sich auch bereits, daß Dienen und Diakonie sehr schnell geschlechtsspezifische weibliche Aufgaben wurden und die männlichen Gemeindeglieder sich davon zu distanzieren wußten. Dienen und Predigen, Dienst und Gemeindeleitung wurden auseinandergerissen.
Hinter der männlichen Fassade des Markusevangeliums sind die Verlierer aber immer noch die Gewinner. Etwas von der frühen bevorzugten Stellung der Frauen blitzt in ihm auf.

Frau, Religion, Rechte

Frau und Religion haben eine besondere Nähe. Diese Überzeugung verbindet Frauenfeinde und Frauenfreunde. Frauen füllen die Kirchen. Frauen haben – nach landläufiger Meinung – »eine natürliche Einfühlungsgabe«, kraft derer sie »schneller als die Männer in Jesus von Nazareth das Göttliche erkannten« (Peter Ketter). Frauen gelten als begeisterungsfähiger, spontaner, emotionaler, haben sensiblere Antennen und scheinen primär zuständig für das Numinose und Religiöse zu sein.
Die Frauengruppe im Neuen Testament ist immer ein Spiegelbild der eigenen Frauenvorstellung gewesen. Den Aposteln kommt dagegen etwas Überzeitliches zu. Sie mit einem Stammtisch, einer Loge, einem Männerbund zu vergleichen, wäre blasphemisch und ist nur bei Religionskritikern üblich. Anders die Frauengruppe: sie gilt als »galiläischer Frauenbund«, als Gemeindedienst, als diakonische Truppe, als erste christliche Frauenbewegung. Ihr sich wandelndes Zeitverständnis geht bis in die Bibelübersetzungen: waren es früher dienende, so sind es heute »umsorgende«

Frauen. Das diakonische ist vom bürgerlichen Ideal abgelöst. Aber mit diesen angepaßten Übersetzungen ist auch der neutestamentliche Zusammenhang zwischen Jesus und den Frauen verlorengegangen. »Dienen« – wozu Jesus gekommen war und was die Frauen fortsetzen, läßt sich nicht mit umsorgender Gastfreundschaft beschreiben.

Lukas hatte Wunschträume von Frauen mit dem großen Portemonnaie. Ernest Renan idealisierte – entsprechend den Salons des 19. Jahrhunderts – sie als feinsinnige Gesprächspartner, die sich Jesus mit Begeisterung anschlossen: »Er (Jesus) bekundete ihnen gegenüber jene vornehme Zurückhaltung, die eine sehr angenehme Ideengemeinschaft zwischen beiden Geschlechtern ermöglicht ... Sie brachten in die neue Sekte ein Element der Begeisterung und des Wunderbaren, dessen Wichtigkeit damals schon erfaßt wurde.«

In den 60er Jahren bekamen die Frauen in der Rockoper Jesus Christ Superstar eine psychologisch-therapeutische Funktion mit ihrem tröstenden Song: »Alles ist okay.« Heute entdeckt man zuweilen einen emanzipatorischen Hang. Neben der Fürsorge für die Männergruppe gibt es schon Selbständigkeit: Frauen tun in Barreaus Jesusbiografie den Mund auf und reden Provozierendes. In der revolutionären Situation in Nicaragua finden Frauen eine parallele Situation zur Jesuszeit wieder: der gleiche Mut, die gleiche Beherztheit, die Frauen heute wie damals vor Männern auszeichnet und sie die Revolution durchstehen läßt. Diese Deutungen, die man beliebig fortsetzen könnte, haben ihre Berechtigung, besonders, wenn sie von Betroffenen stammen und zur Selbstfindung und Identifikation dienen. Vielleicht wäre es sogar gut gewesen, auch die Jüngergruppe immer wieder neu zu interpretieren und statt der Bilder von glaubensstarken, standhaften und stets vom Heiligen Geist erfüllten Kirchenführern wechselnde soziale Phantasien an ihnen zu entzünden. Nur dürfen es keine Soll-Vorstellungen sein, von anderen erfunden und dem Betreffenden zum erwünschten Zweck übergestülpt.

Kritisch wird es für viele erst, wenn aus der Besonderheit der Frauengruppe Rechte, soziale und theologische Konsequenzen gezogen werden. Den scheinbar emotionalen Vorsprung der Frauen auch mit vorgezogenen Rechten zu belohnen – das erregt Widerspruch. Da schiebt man Doppelbelastung, die man der Frau nicht zumuten dürfe, zuviel Haushaltspflichten, die sich damit nicht vereinen lassen, zu wenig Interesse »an dem Was und Warum und Wofür« vor. »Wenn sie nur lieben dürfen. Ihr Amt ist ihnen gar nicht zweifelhaft: für ihn sorgen, ihm dienen, unter seinem Kreuz stehen.« (Ketter)

Die bevorzugte Rolle *einzelner* Frauen im Evangelium ist immer gesehen worden. Neben der großen Unbekannten, der viele Theologen bescheinigen, daß sie weiser und vorausschauender ist als alle Jünger, sind es Frauen, die *vor* andern glauben wie die Syrophönizierin (Mk. 7,24 ff) oder die samaritanische Frau (Joh. 4,1 ff). Frauen werden die ersten Zeugen der Auferstehung, obwohl nach jüdischem Recht keine Frau zeugnisfähig war.

Maria Magdalena wird zum Apostel aller Apostel und hat sich trotz aller Anfeindungen bis zum Mittelalter diese Rolle bewahren können.

Konfliktreich wird es, wenn man Frauen als *Gruppe* Sonderrechte, eine eigene Kultur und Geschichte im Evangelium zugesteht. Mereschkowski konnte als Mann noch mit ganzer Autorität behaupten: »Die schwachen Weiber sind stärker als die Männer: der Glaube des Felsen Petrus zerrann wie Sand; der Glaube der Maria aber ist wahrhaft ein Fels. Das Männliche der Liebe erwies sich als kraftlos, stark ist die Weiblichkeit. Die Sonne der männlichen Liebe geht im Tode unter, die Sonne der weiblichen geht in der Auferstehung auf.« Eine Frau, die das gleiche beobachtete, schrieb etwas zu begeistert über die Kreuzwegstationen: »Bei der VI. und VIII. Leidensstation beginnt der Triumphzug der Frauen. Es geht über Kalvarias Bluthöhe, wo Frauentreue die Sterbe- und Totenwache hält, hinein ins Licht des Ostermorgens und durch alle Jahrhunderte bis herauf in unsere Tage. Wo Männer furchtsam und zagend zurückwichen, flohen und sich verbargen, dort steht die Frau, gerufen und geführt von ihrem mitleidfähigen Herzen voll Treue und Hingabe.« Aber dies löste heftige männliche Aggressionen aus. In einem Aufsatz »Zur Ehrenrettung der

Männer auf Golgatha« wurde der exegetische »Irrtum« richtiggestellt, auf den Evangelisten Lukas verwiesen, der Frauen *und* Männer unter dem Kreuz anwesend sein läßt und von keiner Jüngerflucht weiß. Die »rührende Liebe« der Frauen wurde an ihren richtigen Platz verwiesen: »Die rührende Treue und Anhänglichkeit der frommen Frauen an den Meister leidet nicht die mindeste Einbuße, wenn wir sie nicht in Gegensatz zum Verhalten der Jünger stellen. Es ist nämlich so sehr Übung geworden, nur von treuen Frauen unter dem Kreuz zu sprechen, dagegen von feige geflohenen Männern, daß es notwendig ist, die Ehre der Männer zu retten.«

In unserer patriarchalischen Kirche und Theologie braucht es wohl keine männliche Ehrenrettung. Wo sie lautstark versucht wird, entdeckt man eher Angst- und Schuldgefühle. Daß alle Sünder, alle gleich sind und daß es kein »ladies first« in der Kirche gibt, ist die vorherrschende Meinung.

Auch die großen Religionspädagogen, die Maler der vorreformatorischen Zeit, die uns alle geprägt haben, haben lieber harmonisiert als provoziert. So stellen sie Mäzene, Bischöfe und Gönner unter das Kreuz, zumindest aber den Lieblingsjünger, wie es das später stilisierte Johannesevangelium erzählt. Selbstverständlich gab es dabei auch stets Frauen. Aber historisch korrekt hat die Jesusgeschichte kaum einer gemalt, und an weiblicher Ehrenrettung war man selten interessiert. So suggerieren uns die Bilder, daß es keine Differenzierung von Männern und Frauen gibt. Dabei sind die Erfahrungen der Frauen vergessen worden. Wo keine Rechte sind, werden auch schwerlich Werte vermittelt.

Daß »man« aber immer vom Standpunkt der Jünger aus denkt, theologisiert, malt und betet, ist kaum jemandem bewußt. Ein Passionsgebet: »Herr Jesus, dein Volk hat dich verworfen, alle deine Freunde haben dich verlassen ...« zeigt diese unangefochtene männliche Bastion, über die kaum einer nachdenkt. Die theologischen Konsequenzen sind, daß der Graben zwischen Gott und Mensch stets aufgerissen bleibt. In einer bewußten, in einer lähmenden Weise? Ein paralleles Frauengebet würde lauten: »Wir versuchten bei Dir zu sein, aber wir konnten Dir nicht helfen. Wir

spüren unsere Ohnmacht, aber Deine Nähe. Wir versuchen teilzunehmen an dem Leiden dieser Welt ...«
Hier könnte in neuer Weise Gemeinschaft und Verantwortung wachsen. Die Zerrissenheit, die männliche Theologie uns lehrt, könnte ausheilen und ergänzt werden von andern menschlichen Erfahrungen. Die geschichtliche, theologische und kirchliche Rolle der Frauen in ihrer Einzigartigkeit wiederzuentdecken, würde Frauen und Männer bereichern.
Die Bäuerinnen, die aus der Bibel Selbstvertrauen bezogen, lehren uns Selbstvertrauen in unsere Erfahrungen als Frauen in der Kirche.

Literaturhinweise

Cardenal, Ernesto, Das Evangelium der Bauern von Solentiname Bd. 2, Wuppertal 1978. Taschenbuchausgabe: GTB Siebenstern Bd. 327 und 349.

Mereschkowski, D. S., Tod und Auferstehung, Leipzig 1935.

Schüssler–Fiorenza, Elisabeth, The Twelve. In Woman Priests. Hg. L. und A. Swidler, New York 1977.

Schweizer, Eduard, Das Evangelium nach Markus. NTD, Göttingen 1967.

Schweizer Eduard, Jesus Christus im vielfältigen Zeugnis des Neuen Testaments, München/Hamburg 1968.

Thyen, Hartwig, » ... nicht mehr männlich noch weiblich«. In: Als Mann und Frau geschaffen. Hg. G. Scharffenorth, Gelnhausen 1978.

Zwei Jüngermütter mit ihren Kindern

*Maria Salome und
Maria Kleophas.
Meister von Sigmaringen.*

6. Matthäus und die Mütter

Die Bibel

Da kam die Frau des Zebedäus mit ihren beiden Söhnen zu Jesus, warf sich vor ihm nieder und fragte, ob sie ihn um etwas bitten dürfe. »Was ist es denn?« fragte Jesus. »Versprich mir«, sagte sie, »daß meine beiden Söhne rechts und links neben dir sitzen werden, wenn du deine Herrschaft angetreten hast!« »Ihr wisst nicht, was ihr da verlangt«, antwortete Jesus. »Könnt ihr den Leidenskelch trinken, den ich trinken muß?« »Das können wir!« antworteten sie. »Ihr werdet tatsächlich den Leidenskelch trinken wie ich«, sagte Jesus zu ihnen. »Aber ich kann nicht darüber verfügen, wer rechts und links von mir sitzen wird. Auf diesen Plätzen werden die sitzen, die mein Vater dafür bestimmt hat ... Wer von Euch an der Spitze stehen will, der soll sich allen unterordnen. Auch der Menschensohn ist nicht gekommen, daß er sich dienen lasse, sondern um zu dienen ... « (Mt. 20,20 – 23. 27–28).

Danach kam Jesus mit seinen Jüngern an eine einsame Stelle, die Gethsemane heißt. Dort sprach er: »Setzt euch hier! Ich gehe ein Stück weiter, um zu beten.« Petrus und die beiden Söhne des Zebedäus nahm er mit ... Da traten die Bewaffneten heran, packten Jesus – und nahmen ihn fest ... Da verließen ihn alle seine Jünger und flohen (Mt. 26,36–37. 50. 56).
Als der römische Offizier und die Soldaten, die mit ihm zusammen Jesus bewachten, das Erdbeben und alles andere miterlebten, erschraken sie sehr und sagten: »Er war wirklich Gottes Sohn.« Es waren auch viele Frauen da, die alles aus der Ferne beobachteten. Sie waren mit Jesus aus Galiläa gekommen, um

ihm zu dienen, darunter Maria aus Magdala, Maria, die Mutter des Jakobus und Josef, sowie die Mutter der beiden Zebedäussöhne (Mt. 27,54–56).

Kommentare

Salomes Arbeit war keine leichte. Waren doch ihre Knaben Jakobus und Johannes von heftiger Gemütsart. »Donnerskinder« nannte sie der Herr Jesus später, weil diese leidenschaftliche Gemütsart auch später sich noch offenbarte. Es war der Mutter nicht gelungen, diese Leidenschaft aus ihren Herzen auszurotten. Das hat erst Jesus fertiggebracht mit der Zucht seines Geistes und der Macht seiner Liebe. So ungestüme Knaben zu erziehen, ist keine leichte und geringe Aufgabe für eine Mutter. Wie oft, wie oft ist da das Mutterherz schwach und gibt dem Kinde nach. Und doch ist es sehr wichtig, daß gleich in den ersten Jahren des Kindes sein Wille gebrochen und sein Trotzkopf gebeugt wird. (Ernst Modersohn.)

So ist Salome ein herrliches Vorbild für jede Priestermutter geworden. (Peter Ketter).

Die alte Ordnung gerät durcheinander

Was tut ein Mann, wenn er erlebt, daß Frauen plötzlich selbständig werden? Wenn er sieht, daß Frauen, die bisher bescheiden, zurückhaltend im Hintergrund standen, selbstbewußt in die Öffentlichkeit treten? Wenn die alte Ordnung, daß Männer reden und Frauen schweigen, durcheinandergerät?
Matthäus – so nennen wir den Verfasser des ersten Evangeliums – hat diesen Aufbruch der Frauen in den jungen Gemeinden miterlebt. Er war Jude und vermutlich konservativ eingestellt. Im Synagogengottesdienst, den er kannte, hatten Frauen – der Zeit ent-

sprechend – nicht viel zu sagen. Gewöhnlich saßen sie stumm auf ihren abgesonderten Plätzen, während Männer und Minderjährige aufgerufen werden konnten, aus den Heiligen Schriften zu lesen. »Eine Frau liest nicht aus der Thora wegen der Ehre der Gemeinde.« Zwar gibt es Hinweise, daß Frauen auch hier schon Rechte der Mitsprache und Mitbestimmung hatten, wie die hellenistischen Frauen. Aber viele Zeugnisse sprechen dafür, daß in den meisten Gemeinden die Frauen noch zum Schweigen erzogen waren. Stumm hatten sie die Liturgie, Danksagung und Bekenntnis, anzuhören. Nur einfache Gebete wie das häusliche Tischgebet waren ihnen gestattet. Wer passiv gehalten wird, braucht auch – nach mancher Rabbi-Meinung – keine religiöse Unterweisung. Im Gegenteil, das könnte gefährlich werden. »Wer seine Tochter das Gesetz lehrt, lehrt sie Albernheit«, warnt einer.

In vielen jungen Christengemeinden sieht nun Matthäus genau das Gegenteil: Frauen predigen, gehen auf Missionsreisen und werden Apostel genannt. Sie leiten Gemeinden und unterrichten Frauen, Kinder und auch Männer in der neuen Lehre. So lehrt Priscilla den späteren Apostel Apollo, einen Mitarbeiter des Paulus. Ein Christengegner behauptet sogar, die Kirche sei von Frauen beherrscht und Frauen verteilten die kirchlichen Ämter.

In vielem sind Frauen schneller und einfallsreicher als Männer. Später wird ihnen dies als ekstatisches Reden übelgenommen. Zudem haben sie das große Plus auf ihrer Seite, daß manche ihrer Geschlechtsgenossinnen engen Umgang mit Jesus hatten und ihn als den Auferstandenen gesehen und den Auftrag zur Verkündigung bekommen haben. Diese Frauen leben aus dem Selbstgefühl, daß sie die eigentlichen Zeugen Jesu sind, und viele Männer haben Mühe, damit fertigzuwerden, daß sie eine zweitrangige Rolle in diesen Gemeinden haben. So erzählt ein spätes Evangelium von einer Konkurrenz zwischen Petrus und Maria Magdalena. Teilweise gibt es echte Partnerschaft: Männer und Frauen teilen sich alle Aufgaben. Aber daneben wächst auch männliche Aggression: sind nicht nach der alten biblischen Schöpfungsgeschichte Männer die Ersten? die Starken? die Herrschenden?

In den Gemeinden, die sich aus bekehrten Griechen zusammensetzen, sind die neuen Sitten nicht in Frage gestellt. Die Griechinnen brachten freiheitliche Ideen in die Gemeinden. Sie gingen nicht mehr verschleiert wie die meisten jüdischen Frauen. Sie waren selbständiger, konnten geschäftlich tätig sein, kannten Frauenfeste und religiöse Frauenkulte. In den jungen Christengemeinden fanden sie die Selbstständigkeit wieder, die sie schon in ihrer Umwelt erlebt hatten. Und in vielen überlieferten christlichen Geschichten galten Frauen als die eigentlichen Nachfolgerinnen! Diese junge Religion kam der neuen Frau entgegen.

Der Jude Matthäus mußte mit diesem Frauenphänomen fertigwerden. Er hatte die überlieferte und von Markus als erstem aufgeschriebene Jesusgeschichte vor sich. Die war vor allem für nicht-jüdische Menschen bestimmt. Er wollte auf seine Art und von seinem Jesusverständnis her den judenchristlichen Gemeinden, in denen er lebte, die Jesusgeschichte neu erzählen. Und er wollte Juden für die Sache Jesu gewinnen. Jesus – das war für ihn der neue König Israels, der das eigene Volk verwirft zugunsten des neuen Volkes, der neuen Kirche, einer Gemeinschaft aus Juden und Heiden. Unter diesem Gedanken wollte Matthäus neue und alte Jesusgeschichten verbinden.

Solch ein Buch bedeutet einen tief einschneidenden Bruch mit jahrtausendealten jüdischen Traditionen. Matthäus nahm diese Herausforderung an. Aber wo es ihm nicht unbedingt notwendig schien, machte er Kompromisse. Überlieferte jüdische Gesetze, die Jesus bewußt gebrochen hatte, z. B. Reinheitsgebote, behielt er einfach bei.

Die Frauengeschichten, die im Markusevangelium steckten und die auch sonst erzählt wurden, waren ihm von Erziehung und Natur her eine ärgerliche Sache. Aber sie gehörten so eng zum Evangelium, zur Botschaft von der neuen Kirche, um die es ihm ging, daß er nicht an ihnen vorbei konnte. Auch bei ihm fliehen die Jünger. Auch bei ihm sind die Frauen unterm Kreuz, am Grab und bei der Auferstehung zugegen. Dieser Überlieferung konnte und wollte Matthäus sich nicht entziehen. Aber in das vorhandene Bild zeichnete er ein paar eigene farbige Striche hinein.

Eine jüdische Mutter befreit sich

Wenn ein Mann einen neuen Frauentyp erlebt, der ihn verwirrt und unsicher macht, mißt er diese Frau irgendwann an seiner Mutter. Er vergleicht beide, und wenn er offen ist, vermag er in der neuen Frau Züge seiner Mutter zu entdecken. Gelingt dies nicht, wird er dem vergangenen Frauenbild und der verlorengegangenen Mutter nachtrauern und keinen Zugang zu einer anderen Frauengeneration bekommen.

Auch Matthäus hat sein Mutterbild im Herzen. Vermutlich hat er eine besorgte, tüchtige, ehrgeizige Mutter oder Frau gehabt. Er sieht die jüdischen Frauen und Mütter um sich herum und vermißt in der Markusgeschichte Frauen, die Mütter oder mütterlich sind. So beschwört er das Bild der jüdischen, liebevollen, auf die Familie konzentrierten Mutter herauf und baut dies – sich und anderen zur Hilfe – in sein Evangelium ein.

Die zentrale Geschichte ist die kurze Episode mit der Jüngermutter. Eine Frau fällt vor Jesus auf die Knie. Verlegen fragt sie ihn, ob sie ihn um etwas bitten dürfe. Neben ihr stehen irritiert und mindestens ebenso verlegen ihre erwachsenen Söhne. Das ganze erscheint wie ein Komplott, das schlecht inszeniert und von vornherein zum Scheitern verurteilt ist. Jesus ermuntert die Frau, mit ihrer Bitte herauszurücken, und sie bittet das, was alle Mütter aller Zeiten für ihre Kinder wünschen, Ansehen und Aufstieg: »Verprich mir, daß meine beiden Söhne rechts und links neben dir sitzen werden, wenn du deine Herrschaft angetreten hast.«

Haben die Söhne die Mutter dazu überredet? Haben sie sich alle drei über Petrus geärgert, der scheinbar immer bevorzugt wird? Hat sie gedacht, daß sie leichter als ihre Jungen etwas bei Jesus erreichen könnte? Irgendwie müssen die drei – nach Matthäus – unter einer Decke stecken und ein enges Verhältnis gehabt haben. Erstaunlich ist nun, daß Jesus diese Fürsorge und Mütterlichkeit keineswegs honoriert, die Mutter gar nicht beachtet, sie richtig abblitzen läßt und sich den Söhnen zuwendet: »Ihr wißt nicht, was ihr da verlangt.« Dann sagte er ihnen deutlich, daß

Teilhaben an ihm und seiner Sache Leiden bedeutet und er nicht wie ein Feudalherr Mitbestimmung gewähren kann.

Wer ist diese Frau, die Matthäus hier in die schon von Markus erzählte Geschichte einfügt? Markus läßt die Jünger allein die Bitte vortragen. Matthäus nennt sie die Mutter der Zebedäussöhne. Die heißen Johannes und Jakobus, gehören zum engsten Jüngerkreis, zeichnen sich durch ein gewisses Ungestüm im Temperament aus, und Jesus hat ihnen den Beinamen »Donnerskinder« gegeben. Zebedäus selbst besitzt einen größeren Fischereibetrieb am See Genezareth, in dem außer den Söhnen auch Tagelöhner beschäftigt sind.

In der frühen Gemeinde sind die beiden Jünger später bekannte Gemeindeleiter gewesen. Jakobus wird unter Agrippa I. der erste Märtyrer der Apostel (Apg. 12,2). Johannes wird neben Petrus oft im Neuen Testament genannt und stirbt vermutlich eines natürlichen Todes. Wie ihre Söhne ist auch die Frau des Zebedäus wohl seit den Anfängen der Jesusbewegung mit der Frauen- und Männergruppe unterwegs und bleibt zumindest bis zur Kreuzigung bei Jesus (Mt. 27,56).

In die Tradition ist die Zebedäusfrau als »Salome« eingegangen. Matthäus und Markus erzählen von drei Frauen unter dem Kreuz: Matthäus nennt eine »die Mutter der Zebedäussöhne«. Markus nennt eine »Salome«. Daraus folgerte man beider Identität und nannte die Jüngermutter Salome. Eine andere Vermutung ist, daß sie eine Schwester der Mutter Jesu sei, weil Johannes (19,25) eine Schwester Marias unters Kreuz stellt. Im Mittelalter hat man daraus eine heilige Sippe und Großfamilie kombiniert, zu der noch andere biblische Gestalten stießen. Ein spätmittelalterlicher Schnitzaltar zeigt alle Mütter dieser Sippe mit ihren Kindern und Anverwandten wie ein großes Familienporträt: in der Mitte Maria mit dem Jesusknaben. Zur Rechten und Linken zwei Jüngermütter mit je zwei Babys, den späteren Jüngern, auf dem Arm.

Streichen wir die Kombinationen und Vermutungen fort, so bleiben zwei karge, aber doch inhaltsreiche Nachrichten des Matthäus über die Zebedäusfrau übrig. Sie bittet für ihre Söhne, und sie steht unter dem Kreuz. Was hat der Evangelist damit sagen wollen?

Matthäus hat eine Frau ihre Familie, ihren Mann, ihren Betrieb verlassen und mit dem Wanderprediger Jesus mitziehen lassen. Aus der uns bekannten galiläischen Frauengruppe taucht damit ein neues Gesicht auf. Eine Mutter mit allen typischen Muttereigenschaften gerät in die Nachfolge Jesu. Wir kennen noch eine andere Jüngermutter, Maria Kleophas unter dem Kreuz, von der aber weiter nichts bekannt ist. Sonst sind die privaten Familienverhältnisse der nachfolgenden Frauen ziemlich unbekannt.

Stellt Markus die unverständigen Jünger und die verstehenden Frauen in scharfen Kontrast, so hat Matthäus die Frau am Irrtum der Jünger teilhaben lassen. Er glättet die Schärfen. Aber das ist vielleicht gar nicht seine eigentliche Absicht. Er möchte eher eine Frau in ihrer ganzen Menschlichkeit und Natürlichkeit zeichnen: die Frau, die stellvertretend in ihren Kindern lebt und bloß das Beste will für ihre Kinder.

Die jüdische Frau genoß hohes Ansehen als Mutter, vor allem als Mutter von Söhnen. »Ihre Söhne treten auf und preisen sie glücklich«, heißt es von ihr in den Sprüchen. »Fürwahr, als Jahwes Gabe gelten Söhne, als Lohn die Frucht des Schoßes, gleich Pfeilen in der Hand des Helden sind jugendliche Söhne. Dem Manne Heil, der seinen Köcher damit füllt«, schwärmt der Psalmist. Zu der allgemein verbreiteten Sehnsucht nach männlichem Erbe kam die messianische Hoffnung auf die Geburt des Messias. Diese Hoffnung durchzieht das ganze Alte Testament, läßt kinderlose Frauen in tiefe Trauer versinken und erfüllt schwangere Frauen mit überpersönlichen Hoffnungen. Vielleicht unterschied sich der gesellschaftliche und religiöse Wert einer jüdischen Mutter von Söhnen darin noch von den umliegenden Kulturen.

Eine Mutter, die ihren ganzen Wert in ihren Söhnen verkörpert sieht, möchte nun das, was sie öffentlich bedeuten, auch öffentlich geehrt sehen. Sie ist nicht sie selbst. Sie ist in ihren Söhnen. Sie denkt vielleicht auch gar nicht an Reichtum und Macht. Sie spricht vom Reich, auf das sie hofft. Sie hat die Predigt vom Reich gehört, von der Herrschaft des Messias und der neuen Ordnung, in der Arme, Sünder, Heiden einen ersten Platz einnehmen. Bei Markus träumen die Jünger von der »Herrlichkeit«. *Sie* möchten geistliche Ehren, und die werden wohl dann auch auf sie einen Glanz abwerfen.

Sie ist Mutter und lebt in ihren Kindern. Sie bittet scheinbar ganz selbstlos und bittet doch um etwas ganz Törichtes. Sie sieht eigentlich von sich ab und sieht doch in ganz falschen Perspektiven. Sie ist als Jüngerin Jesus nachgefolgt und ist doch noch völlig verfangen in ihrer alten Rolle. Sie hat alles im Stich gelassen – vielleicht auch ihren Mann – und klammert sich immer noch an das, was ihr die Gesellschaft als Wert zuerkannte: ihre Söhne.

Jesus übersieht sie einfach. Er nimmt sie gar nicht ernst. Er geht großzügig über ihre Kleinlichkeiten hinweg. Er will nicht diese stellvertretende betuliche Mütterlichkeit. Er will sie als Person. So wendet er sich sofort an die Söhne und spricht mit ihnen. Auch gegenüber seiner eigenen Mutter pflegt Jesus keinen Mutterkult. Darüber sind sich wenigstens die beiden ersten Evangelisten einig. »Wer tut, was mein Vater im Himmel will, der ist mein Bruder, meine Schwester und meine Mutter« (Mt. 12,50).

Erst Lukas, der die Weihnachtsgeschichte erzählt, beginnt mit der Maria-Verehrung, die noch in der ersten Zeit in der Kirche unbekannt ist.

Matthäus beendet die Geschichte der Zebedäusfrau nicht mit der enttäuschenden Abfuhr. Er stellt sie mit der bekannten Frauengruppe unter das Kreuz. Die Mutter der Zebedäussöhne, die – wie alle anderen – so unrühmlich flohen (Mt. 26,56), ist nun sie selbst geworden. Sie hat sich nicht nach ihren Söhnen gerichtet. Sie hat nicht nur den Mann verlassen und ist Jesus nachgefolgt. Sie ist nun ohne Familie, von der sie ihren Selbstwert bezog. Die geistlichen Ehrenplätze, die ihr so begehrenswert erschienen, hat sie mit dem Hinrichtungsplatz vertauscht. Sie hat anders als ihre Söhne gehandelt und setzt sich der Gefahr der Verhaftung aus. Eine Frau ist ihren eigenen Weg gegangen. Die Frauengruppe ist nun ihr einziger Halt. Sie ist bei denen, die Jesus wirklich nachfolgen. Sie hat das, was Jesus ihren Söhnen sagt, getan. Eine

Mutter hat sich emanzipiert. Matthäus nennt – vielleicht bewußt – ihren Namen nicht. Sollte sie einfach das Beispiel einer Mutter sein?
Viel Geschichte und Kunstgeschichte hat sie nicht gemacht. In der mittelalterlichen Kunst galt sie als die fröhliche Zwillingsmutter. In der Neuzeit sah man in ihr die restriktive protestantische Mutter oder die »Priestermutter«, je nach Konfession. Die zeitgemäßen Mutterideale wurden Modell. Aber die Jesusmutter Maria und die Mariologie haben sie immer schnell zurückgedrängt und sie nicht mal zu einer mütterlichen Heiligen werden lassen.

Das Getto öffnet sich

Matthäus kennt noch kein Maria-Mutter-Ideal. Mütterlichkeit und typisches Mutterverhalten von Liebe bis zu Intriganz hat er noch überall in seinem Evangelium verstreut: Mütterliches Drahtziehen hinter der Szene schildert er an der Frau des Herodes, die ihre Tochter »anstiftet«, den Kopf des Täufers durch einen verführerischen Tanz zu fordern (14,8); die Frau aus Kanaan, die ihre geisteskranke Tochter geheilt haben möchte, macht er zu einer aufdringlichen hysterischen Mutter, die die Jesusgruppe schreiend verfolgt. Im Unterschied zu der Markusgeschichte läßt Jesus sie zunächst hart und kalt abfahren: er sei nicht für Heiden, sondern für sein eigenes Volk gekommen, und mobilisiert damit ihre ganze Energie und Intelligenz. Tief beeindruckt von dieser mütterlichen Zähigkeit bescheinigt Jesus ihr »großen Glauben« (15,28). Zwei mutige Jüngermütter stellt er unter das Kreuz. Aber Maria, die Mutter Jesu, ist nichts weiter als ein verängstigtes junges Mädchen, das schwanger geworden ist und deren Ängste und Interessen Matthäus viel weniger ernst nimmt als die Josefs. Der in Schande geratene Mann beschlagnahmt sein ganzes menschliches Mitgefühl. Die Geburtsgeschichten sind Josefsgeschichten. Engel erscheinen Josef, trösten ihn und deuten ihm die unbegreifliche Schwangerschaft seiner Frau. Bei Lukas steht Maria im Vordergrund. Bei Matthäus hebt sich die Jesusgeschichte

noch aus dem patriarchalischen Hintergrund ab, wo der Mann Geschichte macht.
Für Matthäus ist die Welt immer eine männliche Welt geblieben. Die neuen Eheauffassungen, die Markus von Jesus berichtet (Mk. 10,1 ff), sehen bei ihm anders aus: er ging davon aus, daß nur der *Mann* sich scheiden lassen dürfe. Den Männern hat er das Zugeständnis gemacht, sich, wenn Unzucht – und das heißt hier Ehebruch – vorliege, ihre Frauen zu entlassen (5,32; 19,9). Dies übertraf seine Vorstellungskraft, daß ein Mann seiner untreuen Frau auch noch hätte verzeihen müssen!
Ein Stück weit hat Matthäus das Getto der noch ganz in konservativen Vorstellungen befangenen Frau geöffnet. Er hat gezeigt, daß Mütter sie selbst sein dürfen. Er hat auch als einziger die Episode von der Frau des Pilatus erzählt, die sich vom Urteil ihrer Umwelt unabhängig macht und ihrem Mann den weisen Rat gibt, seine Finger von der Jesus-Angelegenheit zu lassen. Er hat den mühsamen Prozeß beschrieben, wie jüdische, aber auch heidnische Frauen sich freimachen. Dem Stammbaum Jesu (Mt. 1) hat er Frauen eingefügt, die nicht die ehrenwerte jüdische Tradition verkörpern wie Sara, Rebekka oder Rachel. Die traditionsreiche jüdische Mutter ersetzt er durch vier skandalumwitterte Frauen des Alten Testaments: Thamar erzwingt sich ihr Recht durch eine Schwangerschaft mit ihrem Schwiegervater. Rahab ist eine Dirne, versteckt israelische Kundschafter und verhilft der israelitischen Armee zum Sieg. Bathseba ist die schöne Frau des Uria, den David mit einem Todeskommando ins Feld schickte und die er dann heiratet; und Ruth ist eine treue Schwiegertochter, aber zugleich eine raffinierte Frau, die ihren zweiten Mann mit Geschick an sich bindet.
Sie galten alle als schön, klug, tüchtig und listig, waren Heidinnen oder heidnische Verbindungen eingegangen und gaben dem seriösen Stammbaum Jesu etwas Abenteuerliches. Ihre persönliche Skandalgeschichte war zugleich immer mit einer Wendung in der Heilsgeschichte Israels verbunden: Landnahme, Landkauf, Königtum.
Wollte Matthäus damit den Makel, der in dieser Zeit noch immer

auf Maria lag, auf die Urmütter ablenken? – Seine Messiasmütter sind ein Bruch mit der Konvention, dem überkommenen Frauenbild und öffnen der Heidin, der Dirne und diskriminierten Frauen die Möglichkeit, sich neu zu sehen und die Schatten ihrer Geschichte als Heilsgeschichte anzunehmen.

Matthäus hat in Mutterbildern weiter gedacht, auch als er die neuen selbstbewußten Frauen in den hellenistischen Gemeinden kennenlernt. Aber seine Mütter haben eigene Urteile, riskieren neue Schritte und haben eine persönliche Geschichte. Mühsam, ängstlich, männlich und kompromißfreudig hat er den Prozeß der Frauenbefreiung zu begreifen versucht und die neue Gemeinschaft aus Juden und Heiden, Frauen und Männern, in sein Weltbild aufgenommen.

Schon werden dabei die Schwierigkeiten, die die judenchristlichen Gemeinden der neuen Frauenbewegung brachten, sichtbar: kasuistisches Rechtsdenken, Rückkehr zum Patriarchat, Zugeständnisse an frauenfeindliche Traditionen, auch wenn sie nur Äußerlichkeiten wie das Schleiertragen betreffen. Wie Paulus hat Matthäus die neue gesellschaftliche Rolle der Frau akzeptiert, aber nicht gefördert. Die Grenzpfähle, die beide aufrichteten, wirkten auf die Dauer stärker als die Befreiung, der sie schon zustimmten.

Literaturhinweise

Modersohn, Ernst, Die Frauen des Neuen Testaments, Berlin 1958.
Schniewind, Julius, Das Evangelium nach Matthäus, NTD Göttingen 1950.
Thraede, Klaus, Ärger mit der Freiheit, in: Freunde in Christus werden, Hg. G. Scharffenorth, Gelnhausen 1977.

Eine Frau, die keine Geschichte gemacht hat

Johanna, Frau des Chusa.
Kupferstich von Adrian Collaert.

7. Johanna, eine Dame des Lukas

Die Bibel

Johannes sprach zu den Menschen, rüttelte sie auf und verkündete ihnen seine Botschaft. Er tadelte auch den Fürsten Herodes, weil er Herodias, die Frau seines Bruders, geheiratet hatte und auch sonst viel Unrecht getan hatte. Herodes lud aber später noch eine größere Schuld auf sich, er ließ Johannes ins Gefängnis werfen (Lk. 3, 18-20).

Jesus verkündete überall die gute Nachricht, daß Gott jetzt seine Herrschaft aufrichten und sein Werk vollenden werde. Die zwölf Jünger begleiteten ihn, außerdem folgten ihm einige Frauen, die er von bösen Geistern befreit und von anderen Leiden geheilt hatte. Es waren Maria Magdala, aus der er sieben böse Geister ausgetrieben hatte, Johanna, die Frau des Chusa, des Finanzministers des König Herodes; dazu Susanna und viele andere Frauen, die mit ihrem Vermögen Jesus und seinen Jüngern dienten (Lk. 8, 1-3).

Herodes, der Herrscher über Galiläa, hörte von all diesen Vorgängen. Er war sehr bestürzt, denn manche Leute sagten: »Der Täufer Johannes ist wieder lebendig geworden« ... Herodes aber sagte: »Ich habe Johannes hinrichten lassen. Wer ist also dieser Mann, von dem ich solche Dinge höre?« Darum wollte Herodes Jesus kennenlernen (Lk. 9, 7-8).

Da kamen einige Pharisäer zu Jesus und warnten ihn: »Verlaß diese Gegend und geh anderswo hin. Herodes will dich umbringen« (Lk. 13,31).

Man bestätigte Pilatus, daß Jesus aus dem Herrschaftsbereich des Herodes stamme. Da ließ Pilatus ihn zu Herodes bringen, der zu dieser Zeit ebenfalls in Jerusalem war. Herodes freute sich sehr, als er Jesus sah; denn er wollte ihn schon lange einmal kennenlernen. Er hatte schon viel von Jesus gehört und hoffte nun selbst, eines seiner Wunder mitzuerleben. Er stellte ihm viele Fragen. Aber Jesus gab keine Antwort. Die führenden Priester und Gesetzeslehrer standen dabei und brachten ihre Beschuldigungen vor. Herodes und seine Soldaten verhöhnten Jesus und trieben ihren Spott mit ihm. Sie zogen ihm ein Prachtgewand an und schickten ihn zu Pilatus zurück. Herodes und Pilatus hatten sich früher gehaßt. Aber an diesem Tag wurden sie Freunde (Lk. 23, 7-12).

Am Sonntagmorgen gingen die Frauen in aller Frühe zum Grab. Sie sahen, daß der Stein vom Grabeingang weggerollt war. Als sie aber hineingingen, war der Leichnam des Herrn Jesu nicht mehr da. Während sie noch ratlos dastanden, traten plötzlich zwei Männer in strahlend hellem Gewand zu ihnen. Die Frauen fürchteten sich und sahen zu Boden. Die beiden Männer sagten zu ihnen: »Was sucht ihr den Lebendigen bei den Toten? Er ist nicht hier. Er ist auferstanden! Erinnert euch an das, was er euch in Galiläa gesagt hat: ›Der Menschensohn wird den Feinden Gottes ausgeliefert und ans Kreuz genagelt, aber am dritten Tag wird er vom Tode auferstehen!‹« Da erinnerten sich die Frauen an seine Worte. Sie verließen das Grab und gingen zu den elf Jüngern und den anderen Anhängern Jesu. Es waren Maria aus Magdala und Johanna, sowie Maria, die Mutter des Jakobus. Sie und die anderen Frauen, die mit ihnen gekommen waren, sagten den Aposteln, was sie erlebt hatten. Aber die hielten es für leeres Gerede und wollten es den Frauen nicht glauben (Lk. 24, 1-11).

Kommentare

Aus der Heiligen Schrift ist uns eine Jüngerin Johanna noch nicht bekannt. (Werner Ross in der Frankfurter Allgemeinen Zeitung 1978)

Johanna verließ ihr Heim und folgte ihm nach, um immer in seiner Nähe sein zu können. Sie tat dies entweder mit dem Einverständnis ihres Gatten, oder aber war Chusa bereits gestorben, als Jesus Christus sein Haus betrat. (Gerhard Eis)

Eines Tages sah sie Jesus. Hörte ihn, ließ ihren Mann stehen und den Haushalt und die Sklaven und zog mit Jesus über Land, durch die Dörfer und die Häfen in der bunten Schar, die ihm anhing. Übernachtete bei den Füchsen und den Raben. Zum erstenmal nicht mehr die Frau eines Mannes, sondern eine Frau. Johanna ein eigener Mensch. (Jörg Zink)

Johanna, ein eigener Mensch

Kaum einer kennt Johanna. Theologen ist sie im Studium nie begegnet, und über die biblischen Texte haben sie hinweggelesen. Ein Journalist, der eine moderne Jesusbiografie besprach, mokierte sich über die »Erfindung« einer Jüngerin Johanna. In Büchern über biblische Frauengestalten taucht sie oft gar nicht auf und wenn, dann gleitet man schnell über sie hinweg.
Was ist die Ursache? Sind die beiden Lukas-Notizen zu karg? Aber Josef von Arimathia, der Schächer am Kreuz, der Jüngling, der bei Jesu Gefangennahme nackt floh, sind ebenso kurz erwähnt, und doch haben sie Phantasien entzündet und sind auch in die Literatur eingegangen.
Lag es daran, daß Johanna eine Frau war, deren Geschichte nicht viel hergab? Aber die Mutter der Zebedäussöhne wird ebenfalls nur zweimal erwähnt und ist allgemein bekannt.

Dabei ist der Stoff brisant. Eine Dame aus der Hofgesellschaft, die Frau eines hohen königlichen Beamten im Gefolge Jesu! Welche Sensation! Die soziale Mittelschicht der Jesus-Gruppe, Handwerker und Abhängige, bekommen Glanz und Ansehen. Ein Thema für die Regenbogenpresse und die Klatschlust aller Zeiten! Eine Frau, die ein reiches, gesichertes Leben an der Seite eines einflußreichen Mannes aufgibt und das riskante und armselige Leben eines Menschenfreundes und Sozialrevolutionärs teilt! Welch ein Stoff für Romanzen!

Aber hier liegt vermutlich der Grund, warum man Johanna vergaß: ihre Geschichte war peinlich; sie wird als Frau eines ehrenwerten Mannes eingeführt und hat ihn verlassen. Zwar singt man in der Kirche am Reformationstag: »Nehmen sie den Leib, Gut, Ehr', Kind und Weib«, aber daß eine um Jesu willen auch Gut, Ehr', Kind und Mann aufgeben kann – das darf es nicht geben. Johanna ist eine ärgerliche Gestalt des Neuen Testaments. Für Sünderinnen und Ehebrecherinnen konnte man wenigstens Verständnis aufbringen. Aber eine Frau, die ihren Mann verläßt, war ein Skandal, den man besser vertuschte. Der beste Beweis für diesen Grund scheint mir der Eifer unserer familienfreundlichen Theologen zu sein, sich den Finanzminister Chusa als verstorben vorzustellen. Dann blieb eine ehrenwerte Witwe übrig, die ihre überschüssigen Kräfte in den Dienst der Kirche stellte und dem christlichen Frauenmodell aller Zeiten entsprach. Oder man setzte das Einverständnis des Gemahls zur Jesusnachfolge voraus – eine etwas windige These, denn ihr Erfinder spricht wenig später schon wieder von der »Witwe«.

Die Zebedäusmutter erregte natürlich mütterliche Gefühle. Johannas Geschichte war gefährlich, und die hielt man Frauen lieber fern. Die seltenen Male, wo sie gemalt wurde, malte man sie mit dem zum weiblichen Symbol gewordenen Salbengefäß (Gefäß = Symbol der Frau) und mit Liebesgaben. In der katholischen Kirche ist sie bis heute Patronin der Klosterlieferanten. Aber den Zündstoff ihrer Geschichte umging man. Sie war zur lieben treusorgenden Frau, die man braucht, reduziert.

Wer war Johanna? Was ist ihre Geschichte? Wo berührt sie sich mit der Geschichte heutiger Frauen?
Wir wissen wenig über sie. Ist sie schön, reich, des Harems überdrüssig, Jesus nachgefolgt? Oder ist sie krank, nicht mehr attraktiv genug für Hoffeste und Repräsentation dem Mann fortgelaufen?
Der Hof des König Herodes, dem sie angehört hat, genießt in den biblischen Erzählungen keinen guten Ruf. Herodes ist der Sohn des als bethlehemitischer Kindermörder bekannten Herodes des Großen. Aus fremdem Stamm der Idumäer kommend, war der Vater erfolgreich und stabilisierte das jüdische Reich, genoß jedoch bei den Juden als Usurpator keine große Liebe. Sein Sohn Herodes Antipas erbte einen Teil des Reiches, war der Landesherr Jesu und weit weniger bedeutend als sein Vater, wurde später entthront und verbannt. Er baute sich seine Residenz Tiberias am See Genezareth, und dort wird Johanna seine glänzende Hofhaltung erlebt haben. Besaß der Vater Herodes einen Harem von 10 Frauen, so zeichnete sich der Landesherr Johannas durch die Leidenschaft zu *einer* Frau aus. Sie heißt Herodias, ist seine Nichte und Schwägerin, die er seinem Halbbruder abspenstig macht und für die er seine erste Frau verstößt. Dies hat Johannes der Täufer öffentlich sehr scharf verurteilt. Matthäus und Markus haben die dramatische Szene geschildert, wie die Tochter Salome, die Herodias in die Ehe mitgebracht hat, so faszinierend vor dem Stiefvater und dem Hofstaat tanzt, daß der gerührte Herodes ihr einen Wunsch freistellt. Der Wunsch ist der Kopf des Täufers. Die vom Täufer gekränkte und öffentlich blamierte Herodias rächt sich und hat ihrer Tochter den Wunsch suggeriert. War Johanna bei diesem Tanz dabei? Hat sie miterlebt, wie die blutige Schüssel mit dem Kopf des Bußpredigers der Hofgesellschaft präsentiert wird?
Die Johannes- und die Jesusbewegung sind dem Hof zumindest bekannt. Herodes verhält sich eigentlich nicht einmal bösartig ihr gegenüber. Er ist persönlich durch die Moralpredigt des Täufers gekränkt, und er läßt ihn töten, weil seine Frau ihn dazu zwingt. Aber der Jesusbewegung steht er mehr neugierig als ablehnend

gegenüber. Er hat von Wundern gehört und möchte selbst solche Sensationen erleben. Er »freut« sich sogar, Jesus zu sehen, obwohl er dann enttäuscht ist, daß Jesus ihm gar nichts bietet. Eines der Wunder, von dem er vermutlich gehört hat, ist die Krankenheilung der Ministersfrau.

In dieser Atmosphäre von Lust, Laune, Reichtum und Willkür, Indifferenz und neugieriger Aufgeschlossenheit lebt das Ehepaar Chusa-Johanna. Johannas Begegnung mit Jesus und ihre Heilung läßt sie zum ersten Mal etwas anderes erleben: ein Leben in Unabhängigkeit, ohne Willkür, mit einem Ziel, eine Gemeinschaft von Frauen und Männern aus verschiedenen Schichten, die völlig frei miteinander umgehen und von denen Heilkräfte ausgehen. Johanna verläßt ihren Mann, um ein eigenes neues Leben zu beginnen. Sie ist keine rührende Asketin, die alles hinter sich läßt. Sie bringt Vermögen mit und bleibt in der Jesusgruppe die, die sie war, eine angesehene Frau mit Einfluß und Kapital. Nur – sie hat ihre Freiheit gewonnen. Vielleicht verbreitet sie in der Jesusbewegung etwas Wohlstand und Bequemlichkeit: das aus einem Stück Stoff angefertigte teure Gewand Jesu, das die Soldaten später teilen, hat man auf das Konto der reichen Frau geschrieben. Die Salben zur Einbalsamierung sind Luxus, der nicht der Gewohnheit von Fischerfrauen entstammt. Gute Mahlzeiten, bequeme Räume für das letzte Mahl z. B. hat man den Initiativen Johannas zugeschoben. Die ärmliche Jesusbewegung bekommt Eleganz. Johanna bleibt sie selbst, aber sie ist frei von alten Abhängigkeiten, von erlebter Willkür und Hörigkeit zwischen Mann und Frau.

In seinem Buch: »Die Memoiren von Jesus« macht der französische Priester Jean Claude Barreau Johanna zur Anführerin der Frauengruppe und entdeckt als einer der ersten ihre Gestalt wieder. Während er die »treusorgende« Martha und die »sündige« Maria Magdalena in ihren angestammten Rollen läßt, macht er Johanna zur Vertreterin der Emanzipation. Auf dem Totenbett habe Jesus seiner früh verstorbenen Frau Sara versprochen, gegen die törichten Vorurteile der Gesellschaft zu kämpfen, die Frauen immer noch als Menschen zweiten Ranges betrachten.

Nur aus Rücksicht auf die Mentalität der Umwelt habe er darauf verzichtet, eine Frau in seine kleine Schar aufzunehmen.

»Sie ist eine Frau, die weiß, was sie will«, läßt Barreau Jesus von Johanna sagen, »und sie läßt sich von niemandem herumkommandieren. Meine Jünger können sich immer noch nicht damit abfinden, Frauen als Gleichgestellte zu behandeln, und so ist es nicht überraschend, daß es häufig zu lautstarken Auseinandersetzungen kam.«

Für Barreau ist sie eine finanzstarke, unabhängige Dame mit guten Beziehungen und eigenen Ansichten. Sie läßt dem Schatzmeister Judas jeden Monat eine bestimmte Summe zukommen. Sie hat nie Angst, sich an Diskussionen mit den Pharisäern zu beteiligen und wirft den Juristen vor, daß es unrecht sei, den Männern zu erlauben, ihre Frauen aus nichtigen Gründen zu verstoßen. Wie Petrus die Männergruppe, so führt sie die Frauengruppe.

Hier ist der Versuch gemacht, eine Frau in der Bibel neu zu deuten. Aber Barreau nimmt Rücksichten auf eingefleischte Frauenbilder, gibt der Mutter Jesu eine zu positiv-katholische und zu wenig biblische Rolle, läßt die Frauen schließlich vor der Gefangennahme verschwinden und schöpft das Neue Testament in seiner Frauentradition nicht genügend aus.

Auch Jörg Zink, der an Hand der Johanna-Notiz über die Freiheit einer Frau gegenüber der des Mannes meditiert, läßt die zweite Erwähnung Johannas unbeachtet. Noch niemand habe bisher gepredigt, meint er, daß es verwerflich sei, daß Petrus von da kein Geld mehr heimbrachte. Nach Jesu Willen dürfe die Frau das Entsprechende tun – und das heißt wohl, alle Hausarbeiten hinwerfen! Aber die politische Pointe, die Lukas der Johannageschichte gibt, macht aus Johanna mehr als eine ehemüde Hausfrau.

Welchen Sinn hat Johanna für Lukas, und welche Rolle spielt sie unter den anderen Frauengestalten?

Johanna und Herodes

Lukas liebt angesehene Damen, und es macht ihn stolz, deren sozialen und finanziellen Hintergrund zu schildern. Aber bei Johanna kommt noch etwas anderes hinzu: sie hat einen politischen Hintergrund, den sonst keine der Anhängerinnen Jesu hat. Viermal blendet Lukas in seiner Jesusgeschichte diesen Hintergrund mit ein. Viermal wird der Hof des Landesherrn im Konflikt mit der Jesusbewegung gezeigt: der Ehebruch des Fürsten, seine Sensationslust, seine Morddrohung gegen Jesus und schließlich die zynische Szene, wo der gefangene Jesus zum Gegenstand des Hofspaßes wird. In der Apostelgeschichte des Lukas taucht das neugierig-teilnahmsvolle Interesse der Herodesfamilie an der Sache Jesu wieder auf: drei Enkel des Herodes zeigen eine ähnliche Haltung wie ihr Großvater: in Cäsarea kommt die Herodesenkelin Drusilla mit ihrem Ehemann, dem Landpfleger Felix in das Gefängnis des Paulus, um mehr von Jesus und dem christlichen Glauben zu hören. Allerdings wird es beiden bei Paulus' ernster Predigt bald unbehaglich. Felix läßt ihn mit den Worten gehen: »Es ist gut; du kannst jetzt gehen. Wenn ich Zeit habe, lasse ich dich wieder rufen.« Ähnliche Gespräche sollen dann tatsächlich noch stattgefunden haben (Apg. 23).
Vor dem ganzen Hofstaat in feierlichem Audienzsaal läßt der Herodesenkel Agrippa zusammen mit seiner Schwester Berenike Paulus sich öffentlich verteidigen. Dessen leidenschaftliche Rede hat Agrippa nachdenklich gemacht: »Du denkst wohl, du kannst so schnell einen Christen aus mir machen?« Beide Male Bedenken, Zweifel, Sympathie bei den Herodesnachfolgern. Schließlich aber doch keine Entscheidung zugunsten der Jesusbewegung. Man läßt den Dingen ihren Lauf und entscheidet sich damit dagegen (Apg. 24).
Dies spezielle lukanische Interesse an der Herodesfamilie und die Notiz, daß Johanna aus der Hofgesellschaft stammt, müssen zusammen gesehen werden. Gegenüber der halben Sympathie, die dann aus Laschheit und Unentschiedenheit zur Gegnerschaft wird, die die Hinrichtung Jesu forciert, steht der radikale Ent-

schluß der Johanna, ihren Mann und den Hof zu verlassen und Jesus nachzufolgen. Und Johanna wird nicht nur die Lieferantin von Wohlstand und Fürsorge. Für Lukas ist sie ein Glied der galiläischen Frauengruppe, die an der Kreuzigung dabei ist, und er erwähnt speziell ihren Namen in der Auferstehungsszene. Während Herodes sich mit dem römischen Statthalter solidarisiert und auf zynische Weise Jesus Pilatus und damit dem sicheren Tod ausliefert, solidarisiert sich Johanna mit Jesus und nimmt das Risiko auf sich, als Frau des Ministers und ehemalige Angehörige des Hofes identifiziert zu werden. Johanna ist eine politische Frauengestalt des Neuen Testaments, die radikal ernst macht mit der Jesusnachfolge. Gegenüber der halben und damit negativen Sympathie verkörpert sie die ganze und damit alles riskierende Sympathie. Gegenüber gesellschaftlicher Interessiertheit an Neuem vollzieht sie das Neue. Was in Galiläa anfing, damals in der nahen Umgebung des Hofes in Tiberias, kommt hier zur Erfüllung. Die beiden Engel erinnern an die Worte Jesu von seiner Auferstehung, die er am Anfang in Galiläa gesagt hat. Von Galiläa nach Jerusalem führte der Weg des Herodes. Von Galiläa nach Jerusalem führt der Weg Johannas. Zwei Parallelen, die sich nicht treffen.

Was mit Johanna weiter geschah, bleibt offen und unserer Phantasie überlassen. Aus der frühen Gemeinde ist ihr Name uns nicht überliefert. Das widerspricht allerdings nicht ihrer historischen Existenz. Vermutlich hat sie ihre Vergangenheit nie abstreifen können. Sie blieb gefährdet. Das Risiko, das sie in Jerusalem auf sich nahm, als Hofangehörige sich mit dem Staatsverräter zu solidarisieren, ist uns von keinem Mann vermittelt. Nikodemus kam bei Nacht. Johanna steht am hellen Tage unterm Kreuz und kommt am Ostermorgen zum Grab.

Frauenemanzipation in der männlichen Kirche

Lukas fügt eine interessante Frau in die Frauengruppe ein, die in keinem Evangelium wieder erwähnt ist. Er stellt sie gleichberechtigt neben die berühmte Maria Magdalena und nennt beide gleich oft. Er hat auch sonst Frauen mit eigener Biografie und individueller Persönlichkeit beschrieben. Der Frauengeschichte, die bei Markus knapp und unpersönlich und bei Matthäus noch unter einem patriarchalischen Blickwinkel geschrieben ist, hat er Farbe und Individualität gegeben. Maria, die bei Matthäus zugunsten des verstörten und mitleiderregenden Josef im Hintergrund stand, wird jetzt zur Heldin der Geburtsgeschichte. Neben sie tritt eine andere schwangere Frau, die Täufermutter Elisabeth, und dem Zacharias wird der Mund verschlossen. Lukas berichtet von Prophetinnen wie Hanna und den Philippus-Töchtern und Unternehmerinnen wie der Purpurhändlerin Lydia, selbständig werdenden Sklavinnen wie Rhode und einer einfallsreichen Kleiderfabrikantin für diakonische Zwecke, Tabea. Seine Frauen erstickten nicht in Partnerschaft, werden neben den Ehemännern genannt und – wenn sie bedeutender als die sind – auch vor ihnen genannt wie Priscilla, die Lehrerin des Paulus-Mitarbeiters Apollo. Sie hören allein Predigten zu und treten zum christlichen Glauben über, ohne ihre Männer erst zu fragen. Natürlich können sie auch ebenso fanatische Gegner der neuen Religion sein. Lukas holt Frauen aus dem Schatten und wertet sie als Einzelperson.

Aber zugleich hat er doch Abstriche an der frühen Gleichstellung der Frau gemacht. Die Ämtergleichheit, wie sie uns aus anderen Gemeinden bekannt ist, hat er nicht anerkannt oder nicht gekannt. Die Samaritanermission (Apg. 8,5) überträgt er einem Mann. Dabei hatte nach der Johanneserzählung (Joh. 4) Jesus sie einer Frau übergeben! Martha, die aus der Urgemeinde bekannte Freundin Jesu, war ihm zu selbständig geworden, vielleicht zu reich und selbstgefällig, so daß er sie zurückpfiff. Die Frauengruppe stellt er noch unters Kreuz wie seine Vorgänger. Aber nun sind auch noch andere Bekannte dabei, so daß offenbleibt, ob das nicht männliche Anhänger Jesu waren. Die Flucht der Jünger wird gar nicht mehr ausdrücklich erwähnt.

Die alten Frauenerzählungen der Urgemeinde sind verändert. Die Frauen sind für Lukas nicht mehr die bevorzugten Jüngerinnen. Den emanzipatorischen Salbungsakt vollzieht nun eine Prostituierte. Es ist nicht mehr die Königs- und Totensalbung einer wissenden Frau, die im Kontrast zu den unwissenden Jüngern steht. Die Frauen dienen auch nicht mehr Jesus – so wie er ihnen diente, weil er dazu in die Welt gekommen ist. Sie dienen Jesus *und* den Zwölfen. Die männliche Jüngergruppe ist ausgesondert und steht in spezieller Verbindung mit Jesus. Sie repräsentiert die Tradition, und sie besitzt Amt und apostolische Würde.

Gegenüber der Frauengruppe ist diese Männergruppe eine elitäre zölibatäre Gemeinschaft. Völliger Besitzverzicht und das Verlassen der Ehefrau sind bei Lukas Vorbedingung für die Jüngerschaft. Bei Markus und Matthäus sind Bruch und Distanz zur Familie ebenso gefordert. Aber die Ehefrauen sind ausgenommen, und wir hören immer wieder, daß Ehepaare Jesus begleiten. (Vgl. Lk. 14, 26 mit Mt. 10, 37 ff.) Bei Matthäus und Markus verlassen die Menschen ihre alte Existenz, aber bei Lukas wird extra hinzugefügt, daß sie »alles verließen«. (Lk. 5,11. 28)

Die Jesusworte, die Lukas überliefert: »Verkauft euren Besitz und gebt das Geld den Armen ... Keiner kann mein Jünger sein, der nicht zuvor alles aufgibt ... « passen schlecht zu den besitzenden Frauen Maria Magdalena, Johanna und Susanna. Sie betreffen lediglich die historischen Jesusjünger. Aber zu dieser Gruppe gehörten für Lukas keine Frauen. Ein asketisch-mönchisch-männliches Ideal hat sich in die Kirche eingeschlichen. Die Frauen waren keine Jüngerinnen.

Nun ist Lukas Arzt und Praktiker und weiß, daß man mit diesem Ideal keine Kirche aufbaut. Er schreibt um das Jahr 60. Es ist die zweite Generation. Die Gemeinden haben sich den Sozialstrukturen der Umwelt angepaßt. Das historische Jüngerideal ist eine Norm, an der sich die Gemeinden ausrichten sollen, aber sie stellt nicht die Regel dar. Was Lukas an der Frauengruppe um Jesus beschreibt, ist dagegen das praktische Gemeindeideal: man behält seinen Besitz zur Hälfte, ist wohltätig und nimmt sich der Schwachen an. Das soziale Ziel ist ein innergemeindlicher Besitzausgleich, und dies hat er an der Frauengruppe und ihrem Dienst an Jesus und den besitzlosen Jüngern illustriert. Die Nachfolge nimmt bei ihm am Beispiel der Frauengruppe Fleisch und Blut an. Bei allem Liebäugeln mit den Armen – er ist der Prediger der Reichen und gibt ihnen ethische Anweisungen, wie sie mit ihrem Geld umgehen sollen. Lukas hat konkrete Lösungen gesucht, und konkret war für ihn wohl auch, daß Frauen andere Aufgaben als Männer haben.

Eine Kirche mit vielen praktischen Aufgaben steht ihm vor Augen: soziale Dienste, die in seiner Umwelt fremd waren, Versorgung von Witwen und Armen. Aufgaben für Witwen mußten entdeckt, Gemeindedienste organisiert werden. Hier schlug sein Herz, und für diese Dienste hat er die Frauen in der Kirche emanzipiert: Diakonie, Leitung von Hausgemeinden, Prophetie. Die Traditionsträger waren Apostel und Presbyter. Hier hatte die Frau nichts zu suchen. Aber in der neuen Gemeinde bot sich ihr eine Fülle von neuen und kaum zu bewältigenden Aufgaben. Hier konnte sie sich entfalten, und hier sah er für seine Zeit ihre Aufgaben.

Lukas, der uns immer als so frauenfreundlich dargestellt ist, enttäuscht. Seine Kirche ist die Kirche der kommenden zweitausend Jahre: von Männern regiert und von Frauen bedient. Noch sind die Frauenämter in seiner Zeit eine Revolution. Aber in einer Kirche, die die Frauenfrage nicht immer neu als Herausforderung ansieht, werden sie zur Stagnation. Das revolutionäre Potential, das Lukas in den Frauen entdeckte, konnte jedoch alle zeit-angepaßten Kirchenstrukturen auch schon wieder aufheben.

Eine der schönsten Frauenheilungen, die in dieser Weise über sich hinausweist, hat er selbst erzählt (13,10 ff): Es ist Sabbat. Alle Tätigkeit ist verboten. Jesus ist in der Synagoge, und sein Blick fällt auf eine ganz zusammengekrümmte Frau. Sie kann nicht einmal hochgucken. Er ruft sie zu sich und heilt sie, und sie kann sich wieder aufrichten. Auf die Vorwürfe des Synagogenvorstehers, daß es Sabbat sei und solche Handlung verboten, antwortet Jesus, daß diese Frau auch eine Tochter Abrahams sei.

Diese kleine Episode ist tiefsinniger, als sie scheint. Die verkrümmte Frau ist nicht nur eine alte, von Gicht oder Bandscheibenschäden geplagte Kirchgängerin, wie man sie sich gemeinhin vorstellt. Daß sie nicht aufsehen kann, heißt für Lukas zugleich, daß sie keine Hoffnung hat, ihren Kopf nicht heben und die Erlösung nicht herannahen sehen kann. Er verwendet das gleiche Wort »anaküptein« = aufsehen, was er in dem Satz braucht: »Sehet auf und erhebet die Häupter, weil sich eure Erlösung naht« (Lk. 21,28). Auch das Wort vom »Wieder-aufrichten« hat einen doppelten Sinn. Es hat seine Parallele in dem Wort von den müden Knien und lässigen Händen, die es mit der Hoffnung Christi aufzurichten gilt (Jes. 35,3; Hebr. 12,12). Die physische Krümmung ist zugleich eine seelische Krümmung.

Zum ersten Mal fällt nun das Wort von der Tochter Abrahams, das alle bis dahin männlich orientierten Heilshoffnungen sprengt. Knüpften sich bis dahin die Heilserwartungen an den männlichen Nachwuchs, an den Sohn, auf dessen Schultern die Herrschaft ruhen sollte (Jes. 9,5), so ist nun die Tochter erb- und gleichberechtigt neben den Sohn getreten. Zwischen zwei Sabbatheilungen an Männern (6,6 ff; 14,1 ff) erzählt Lukas die Sabbatheilung einer Frau. In Jesus hat die Frau Heil und Hoffnung, einen aufrechten Gang und eine Zukunft bekommen. Sie kann aufsehen, sie kann die kommende Ordnung sehen. Diese Geschichte sprengt bereits die ängstlichen, pragmatischen Kirchenlösungen des Lukas und weist über ihn selbst hinaus auf eine Kirche von aufgerichteten, gleichberechtigten Frauen und Männern.

Literaturhinweise

Eis, Gerhard, Johanna. In: Unsere Namenspatrone in Wort und Bild. München. o. J.

Rengstorf, Karl Heinrich, Das Evangelium nach Lukas, NTD Göttingen 1937.

Schottroff, Luise, Wolfgang Stegemann, Jesus von Nazareth, Hoffnung der Armen. Stuttgart 1978.

Zink, Jörg, Sag mir wohin, Stuttgart 1977.

Maria Magdalena und Martha

Jacob Acker, Ulm, 15. Jahrhundert.

Bildquellennachweis

Seite 8 Foto: Ringfoto Wirth, Calw. – Seite 22 Foto: Archiv. – Seite 24 Stadt Nürnberg, Hauptamt für Hochbauwesen. – Seite 38 Foto aus: The Work of Fra Angelico in the Museum of San Marco, Officine Grafiche Stianti, San Casciano Val di Pesa – Firenze. Arnaud, Firenze 1971. – Seite 39 Foto: Archiv. – Seite 48 Hermann Jantzen, Tübingen. – Seite 49 Foto: V. Vicari Foto-Cine Ottica Lugano. – Seite 56 Foto: Archiv. – Seite 66 Foto: Christ Church College, Oxford. – Seite 68 Casa Editrice Giusti di Beccoci, Florenz. – Seite 79 Foto: Archiv. – Seite 80 Fürstlich-Fürstenbergische Sammlungen, Donaueschingen, Kat. Nr. 18. Foto: Georg Goerlipp, Donaueschingen. – Seite 91 Foto: V. Vicari Foto-Cine Ottica, Lugano. – Seite 96 Foto: Archiv. – Seite 110 Foto: Jugenddienstverlag, Wuppertal. – Seite 122 Fürstlich-Fürstenbergische Sammlungen, Donaueschingen, Kat. Nr. 23. Foto Georg Goerlipp, Donaueschingen. – Seite 134 Foto: Staatliche Graphische Sammlung, München. – Seite 149 Fürstlich-Fürstenbergische Sammlungen, Donaueschingen, Kat. Nr. 5. Foto Georg Goerlipp, Donaueschingen.

Die Frau in Religion und Gesellschaft

Catharina J. M. Halkes
Gott hat nicht nur starke Söhne

Grundzüge einer feministischen Theologie. Ins Deutsche übertragen von Ursula Krattinger-van Grinsven. 5. Auflage. 128 Seiten. Originalausgabe. [3-579-00371-2] GTB 371

Catharina J. M. Halkes
Suchen, was verlorenging

Beiträge zur feministischen Theologie. Aus dem Niederländischen übertragen von Franz J. Lukassen. 174 Seiten. Deutsche Erstausgabe. [3-579-00487-4] GTB 487

Rosemary R. Ruether
Sexismus und die Rede von Gott

Schritte zu einer anderen Theologie. Aus dem Amerikanischen übertragen von Annemarie Eggers u. a. 330 Seiten. Deutsche Erstausgabe. [3-579-00488-3] GTB 488

Rosemary R. Ruether
Frauenbilder – Gottesbilder

Feministische Erfahrungen in religionsgeschichtlichen Texten. Aus dem Amerikanischen übersetzt von Birgit Keune. 412 Seiten mit zahlreichen Abbildungen. Deutsche Erstausgabe. [3-579-00490-5] GTB 490

Phyllis Trible
Mein Gott, warum hast du mich vergessen!

Frauenschicksale im Alten Testament. Aus dem Amerikanischen übersetzt von Marianne Reppekus. Mit einer Einführung von Helen Schüngel-Straumann. 2. Auflage. 176 Seiten. Deutsche Erstausgabe. [3-579-00491-3] GTB 491

Gütersloher Verlagshaus
Gerd Mohn

Elisabeth Moltmann-Wendel

»...eine intensive Anleitung, die unterdrückte, verdrängte und vergessengemachte Weiblichkeit in Religion und Glaube, im Gottesbild und in den Strukturen der Kirche zu entdecken.«
Publik-Forum

Das Land, wo Milch und Honig fließt

**Perspektiven einer feministischen Theologie.
2. Auflage. 205 Seiten mit 12 Fotos. Originalausgabe [3-579-00486-7]
GTB 486**

Aus der Sicht der feministischen Theologie werden Körpererkenntnisse von Frauen in biblische, theologisch übergreifende gesellschaftliche Zusammenhänge gestellt.

Wenn Gott und Körper sich begegnen

**Feministische Perspektiven zur Leiblichkeit.
158 Seiten. Originalausgabe [3-579-00496-4]
GTB 496**

Bekannte Autorinnen erörtern und entwickeln einen fundierten Zugang zur Weiblichkeit in der Theologie.

Weiblichkeit in der Theologie

**Verdrängung und Wiederkehr. Herausgegeben von Elisabeth Moltmann-Wendel. 188 Seiten. Originalausgabe.
[3-579-00494-8]
GTB 494**

Gütersloher Verlagshaus
Gerd Mohn